株もFXもやらなかった「わたし」が不動産投資を始めた理由

プロパティエージェント
株式会社
常務取締役
野呂田義尚

ダイヤモンド社

はじめに

不動産投資と聞いて、読者の皆さんはどのようなイメージを思い浮かべるでしょうか。

現在の日本では、ゼロ金利時代を迎えて預貯金のメリットがほとんどなくなり、また、国の年金制度への信頼も大きく揺らいでいます。そのため、リタイアが近づいている世代だけでなく、比較的若い世代でも、将来に強い不安を抱く人が少なくないという現実があります。

かつての日本では、銀行預金に代表される確定利回り商品があれば、とくに大きな不満も問題もありませんでした。お金に余裕がある人は、国債を購入してもいいし、投資信託や株式投資をしてもいい。とくにバブル期ならそれで利益を上げることもできました。けれども、いまはそういうわけにはいきません。

また、若いうちはバリバリと働くことができても、終身雇用が崩れている時代ですから、いつ会社を辞めることになるかわかりません。転職することで給料が上がるとは限りませんし、年齢が高くなってからそのような事態になれば、給与収入の減少を受け入れざるを得なくなることも考えられます。

こうした状況に対して、一朝一夕には効果的な解決策が見いだせないことも、多くの人が未来に希望を持てずにいる一因でしょう。

そんななかで、近年注目されているのが各種の投資です。本書を手に取っている読者の皆さんは、少なからず不動産投資に興味を抱いている方だと思いますが、他にも株やＦＸなどは、比較的ハードルの低い投資として身近な存在だといえます。

書店に行けば、投資関連の書籍が数多く並び、本書を手に取っているあなたも、これ以前に投資関連本を何冊か読んでいるかもしれません。

さて、そこであらためて冒頭の問いかけです。不動産投資と聞いて、読者の皆さんはどのようなイメージを思い浮かべるでしょうか。

これまで投資を経験したことのない人にとって、不動産投資には「不安」「怖い」、さらには「怪しい」といった印象があるかもしれません。おそらくそのイメージの原因となっているのは、「物件価格が高額」「失敗するリスクが高いに違いない」「悪徳業者が多いのでは……」といった印象なのではないでしょうか。

かつてバブルの時代、不動産といえば転売で一獲千金を狙う投資と見られていました。実際、そのような方法で財を築いた人も少なくありませんし、あるいは逆に地価やマンション価格の暴落で大きな損失を出した人もいたはずです。そんな話を見聞きした結果が「不安」「怖い」「怪しい」といったイメージにつながっていることは想像に難くありません。

けれども、現在の不動産投資の方法が、バブルの時代とは大きく様変わりしているのも事実です。与信枠（融資限度額）を最大限に使い（つまり、自分の資金を大きく切り崩すことなく）、賃貸による家賃収入をローン返済に充てることで無理のない返済計画を立て、そして完済したあとには確実に資産としての不動産が残る。

ごくシンプルにいってしまえば、これが現代の不動産投資、さらにいえば、本来あるべき不動産投資の姿です。

手が出ないほど高額ではなく、意外にもリスクはそれほど大きくない、むしろ他の投資と比べて「目に見えるかたちで資産が残る」という大きなアドバンテージがあるのです。先ほど、「現在の不動産投資は、バブルの時代とは大きく様変わりしている」といいましたが、正確にいえば、本来、不動産投資の本質とは長く安定的な利益を生むことであり、まさに不安定ないまの時代だからこそ、その本来の不動産投資のメリットが生かせるようになったのだと私は考えています。

本書では、こうした不動産投資の〝本質〟を、最新情報も交えながら紹介していければと思います。

私は現在、不動産投資を扱う企業で常務取締役を務める身ですが、もともとは不動産とはまったく関係のない海運業界で働いていました。

当時の私は、会計処理や税務監査などの業務を担当していましたが、数字の力をもっと生かせる場を模索し、私自身が投資に興味を抱いていたこともあり、最終的に不動産投資の世界にたどり着きました。

人間にとって必要なものとして「衣・食・住」がありますが、不動産はその一つである「住」そのものに直接関わる業種です。いま考えると、私がこの仕事を選んだのには、人が必要とする「住」に関わることができるという、一種の喜びのような気持ちもあったように思います。

現在の会社に転職後は、より実践的な経営理論を身につけるため、働きながら立教大学大学院で経営学を学び、ＭＢＡ（経営学修士）を取得しました。この点、会社の理解と協力には感謝の言葉しかありません。

経営に関する知識を体系的に身につけられたことは、事業活動の本質を知ることにもつながり、また、海運会社時代に実務で身につけたファイナンスの視点をさらに深く強いものにしてくれました。

不動産投資というのは、実は投資家自身が事業経営に乗り出すということに他なりません。本書では、私が会得した自分なりのＭＢＡ的な視点を生かして、ファイナンスや経営といった観点からも不動産投資を考えてみたいと思います。

不動産投資を事業経営と見るなら、そこには必ず〝経営戦略〟があります。こうした視点で不動産経営を捉えると、「こんな考え方があったん

だ」という新たな発見に気づかれるはずですし、読者の皆さんが不動産投資を始めるという決断をするための役にも立つでしょう。

「事業経営」や「経営戦略」などと聞くと尻込みしてしまう読者の方もいるかもしれませんが、本書をお読みいただければ、その意味を必ずご理解いただけると確信しています。

本書の構成は、これから不動産投資を検討したいと思っている読者の皆さんの代弁者である「わたし」というキャラクターが登場し、私「野呂田」との対話を通じて不安点や疑問点を抽出し、詳細な解説によって理解を深めるという流れになっています。ぜひ「わたし」になったつもりで読み進めてみてください。

２０１６年９月

野呂田　義尚

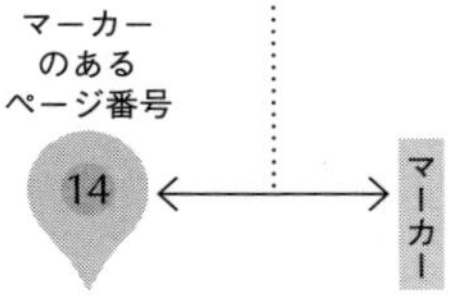

目次

はじめに　2

第1章

株もFXもやらなかった「わたし」が不動産投資を始めた理由

「わたし」が不動産投資をやらないのは……不動産投資に対して「不安」「怖い」「怪しい」というイメージがあるから
将来に対して感じる漠然とした不安　14
不動産投資のリスクは軽減できる　16
将来に漠然とした不安　20
さまざまな投資の比較検討　24

インカムゲインでの運用ができる　28
不動産投資のリスク　30
不動産投資のメリットを生かす　37
第1章のまとめ　44

第2章 「わたし」が不動産投資をやらないのは……不動産投資の全体像がイメージできないから

狙い目は都心部の単身者向けマンション　46
家計のプランニング、戦略は夏休みの宿題？　48
資金をしっかり把握することが不安を解消する秘訣《ひけつ》　52
投資物件として選ぶなら都心部の単身者向けマンション　54
それなりの手続きは必要　57
資金の動きについて具体的な数字でしっかりつかむ　61
投資についての相談ができる不動産会社を選ぶ　67
第2章のまとめ　72

第3章 「わたし」が不動産投資をやらないのは……意思決定をするのに何をどう考えればいいかわからなかったから 73

経営戦略的な視点で不動産投資を考えてみると……？ 74
自分が事業の経営者であるという視点を持つ 76
MBAで学ぶ経営戦略的フレームワークが役立つ 80
経営戦略の視点があれば不動産投資への理解が深まる 82
第3章のまとめ 102

第4章 「わたし」が不動産投資をやらないのは……同じ不安、悩みを持った仲間がどう行動したのか知らないから 103

事例を通して不動産投資を具体的に知る 104

成功事例　CASE1　108
一歩を踏み出すことで将来への安心が得られ、
人生の次のステージを考えられるようになりました。
成功事例　CASE2　116
不動産投資を機に資産のポートフォリオを見直したことで
人生の選択肢や可能性が広がりました。
成功事例　CASE3　124
大きな夢を実現するための備えとして
不動産投資は自分の人生のセーフティネットだと考えています。
成功事例　CASE4　132
戦略に基づいた不動産投資で
ライフプランがリアルなものになりました。
第4章のまとめ　142

第5章

「わたし」が不動産投資をやらないのは……投資用マンション物件・経営の最前線を知らないから

独自調査で入居者ニーズに合わせた物件開発 144
海外投資家にとって魅力的な東京の不動産投資市場 148
「スコアリング」「モデリング」という独自調査 150
入居者のニーズに合わせた物件開発 155
物件例 クレイシア新宿パークコンフォート 160
海外投資家にとってかなり魅力的 164
特別寄稿 170
グローバルな不動産投資のプロが語る
日本の不動産の魅力の将来性
第5章のまとめ 180
おわりに 182

第1章

「わたし」が不動産投資をやらないのは……

不動産投資に対して「不安」「怖い」「怪しい」というイメージがあるから

将来に対して感じる漠然とした不安

先日、同僚と飲んだときに投資の話が出まして、その同僚は以前から株やＦＸをやっていたようなんですが、いまは不動産投資を考えていると言っていました。話を聞くと、同じ職場で何人か投資をやっている人がいるそうで、これまでそんな話をしたことがなかったのですが、なんだか自分だけが取り残されているような気がしちゃって……。

なるほど、それで投資について検討したいと思われたんですね。

ええ。いまの会社に転職したのは5年ほど前です。成果主義なので、がんばればそれなりに満足できる収入は得られるのですが、終身雇用の保証があるという時代ではありませんし……。転職後に結婚して、いまから1年ほど前に子どもが生まれたこともあって、ちょうどこれからのことをしっかり考えないといけないなと思っていたんです。同僚の話を聞いて、備えを真剣に考えてこなかったことに気づき**将来に漠然とした不安**を感じました。これはゆったり構えている場合じゃないのかなと……。

たしかにいまの日本を見ていると、全体的にジリ貧の状況で「自分もそろそろ何かしなくちゃいけない」と考える人はかなり増えていると私も感じています。けれども、「じゃあ、何をやるか？」となると、具体的に何から手をつけていいか判断できず、先延ばしにしてしまっている人も多いですよね。たとえるなら、〝夏休みの宿題〟のような……。

ええ、たしかにそんな感じです。投資という選択肢があるということはわかるものの、投資の失敗で大金を失ったという人もいると聞くし、どうも不動産業界というと、バブル期の地上げではないですが、悪徳業者が多そうだという印象があって、正直、だまされるのではないかという不安があるんです。それで結局は決断ができないんですよね……。

バブル当時ほどではないとしても、たしかに不動産会社のなかには、良からぬ営業活動をするところもまだまだありますね。これは不動産業界にいる私にとっても胸の痛い話です。投資として不動産を選ぶかどうかという点についてですが、投資は１００％うまくいくという保証があるものではないので、そこはリスクを取るかどうかという話になってきますね。

不動産投資のリスクは軽減できる

ところで、これまでに何かしらの投資をしたことはありますか。

いえ、これまではまったく無縁だったので、どんな投資がいいのかもよくわかりません。周囲の人に話を聞いても、株をやっている人もいれば不動産をやっている人もいて……。きちんと調べれば、それぞれの特徴や私にとっての向き不向きもわかるんでしょうけど、いまのところはまだそこまでいっていない状況です。

わかりました。それならまずは、**さまざまな投資の比較検討**から始めるといいですね。自分にとってどんな投資が向くかは人によって違いますが、その判断をするには、それぞれの投資のメリットやデメリットをよく知る必要があります。

ええ、私もそう考えていました。野呂田さんは不動産投資の会社で働いているわけですから、投資対象として不動産がいいとお考えなんですよね。検討する側からすると、不動産って高額商品なので、絶対に失敗はできないと考えます。それで、どうしてもちゅうちょしてしまうのですが、野呂田さんが不動産投資をいいと考える

インカムゲイン
10000
10000
家賃収入
ローン返済

理由を教えていただけませんか。

いろいろありますが、代表的なものをひとつ挙げるなら、**インカムゲインでの運用ができる**ことです。投資の収益には、不動産物件や株などの現物を売却することで得られる「キャピタルゲイン」と、現物を保有し続けることで得られる「インカムゲイン」がありますよね。投資用の不動産は人に貸すことで家賃収入があるので、それが安定収入となり、ローン返済に充てられるんです。

支払うローンが家賃で賄えるというのは、金銭的な無理がかからないので、たしかに大きな魅力だなあ。ただ、不動産の場合は借り手がつかなかったり、家賃が下落したりして収入が減ってしまうリスクも考えておかないといけませんよね。それでローン返済に支障をきたしてしまうといった話を聞いたことがあります。

そうですね、空き室や家賃の変動は**不動産投資のリスク**としてよく知られています。ただ、こうした不動産投資のリスクは軽減することが可能なんですよ。

というと……？

不動産投資で借り手がつかなかったり家賃が下落したりするのには、必ずといっていいほど理由があります。逆にいえば、そうしたマイナス要因さえしっかり取り除いておけば、リスクを最小限に抑えることができ、**不動産投資のメリットを生かす**ことができるんです。

なるほど、不動産投資にはそうしたノウハウがあるんですね。それはぜひ知りたいです。

わかりました。では、詳しく説明していきましょう。不動産投資が安定的にインカムゲインで回っていくということが理解できれば、「不安」「怖い」「怪しい」といったイメージも払拭《ふっしょく》できるかもしれません。一緒に勉強していきましょう。

14

将来に漠然とした不安

現代の日本は不確実性が高まっている

現在の日本人は、将来に向けてさまざまな不安要因を抱えています。その筆頭として挙げられるのが、たとえば公的年金制度でしょう。

国民年金は、直近のデータを見ると、2014年度の平均受給額が月額で5万4414円。多くの人にとって、この額だけで生活するのは至難の業です。また、受給額自体、年々減少傾向にあり、今後改善する兆しも見えていません。

一方、厚生年金についても、老齢厚生年金の定額部分については1994年の改正で、また、報酬比例部分についても2000年の改正で、受給開始が65歳以上に引き上げられる決定がなされました。しかし、これでも財源は不足しており、いずれ70歳まで引き上げられるのではないかという予測があるのはご存じの通りです（図1）。60歳で仕事をリタイアしたとして、70歳までの10年間も年金がもらえないことを想像すると……。不安になってしまうのも無理のない話だといえるのです。

預金についても考えてみましょう。1980年代後半から1990年代前半のバブル期には、普通預金でも年利最高2％程度、定期預金では6％などという預金金利が

図1　受給開始年齢引き上げの法改正

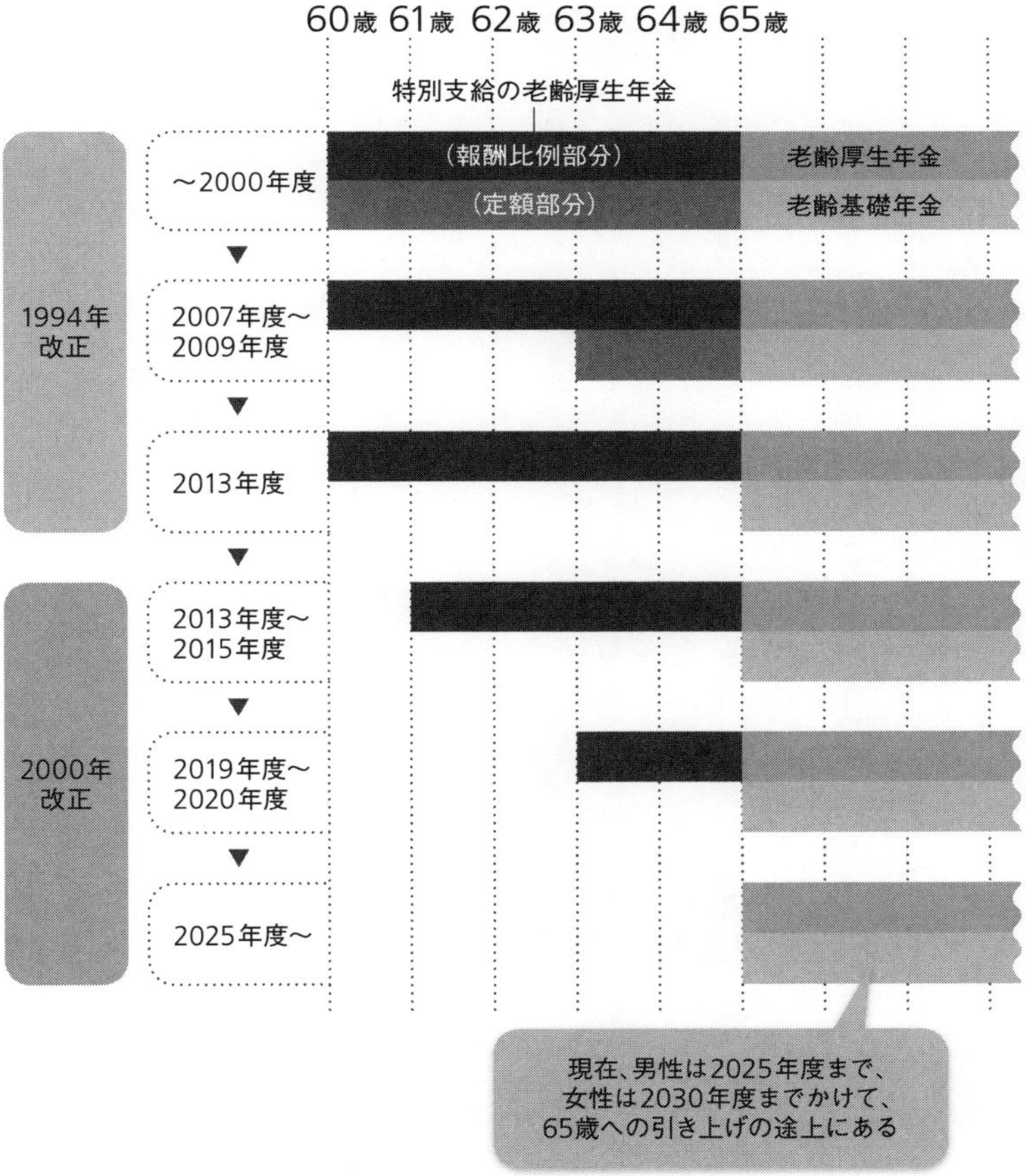

出典：厚生労働省・社会保険審議会（年金部会）資料より作成

ついたこともありました。しかし、日銀のゼロ金利、さらにはマイナス金利政策を受け、現在の普通預金金利は0・002%となっています（図2）。

金利が低いということは、融資を受けたりローンを組んだりといった面では恩恵がある部分ももちろんあるのですが、少なくとも現金を金融機関に預けておくメリットはほぼないのが現状です。

何もしないことがリスクになりかねない時代

ある程度の年収を得ている人でも、預金では資産が増えないのなら何か対策を考える必要も出てきますし、その方法についての知識が乏しいなら、将来に不安を抱いてしまうのは無理のないことです。

おそらくこうした不安は、よほどの大金持ちやすでに資産形成の策を施してある人以外、かなりの割合の人が共通に抱えている悩みなのではないでしょうか。生活するには困らない程度の収入があり、充実した日々を送っている人でも、ふと「自分の老後は大丈夫だろうか……」という漠然とした不安が募ることはあるはずです。

年金制度に不信感があり、預金に頼ることもできない。デフレ脱却が進めば、むしろ資産は目減りしていってしまう……。日本人の平均寿命は少しずつ延びていますが、これはつまり、収入がなくなってから生きる期間が増えているということ。長生きす

図2　**普通預金利率の推移**

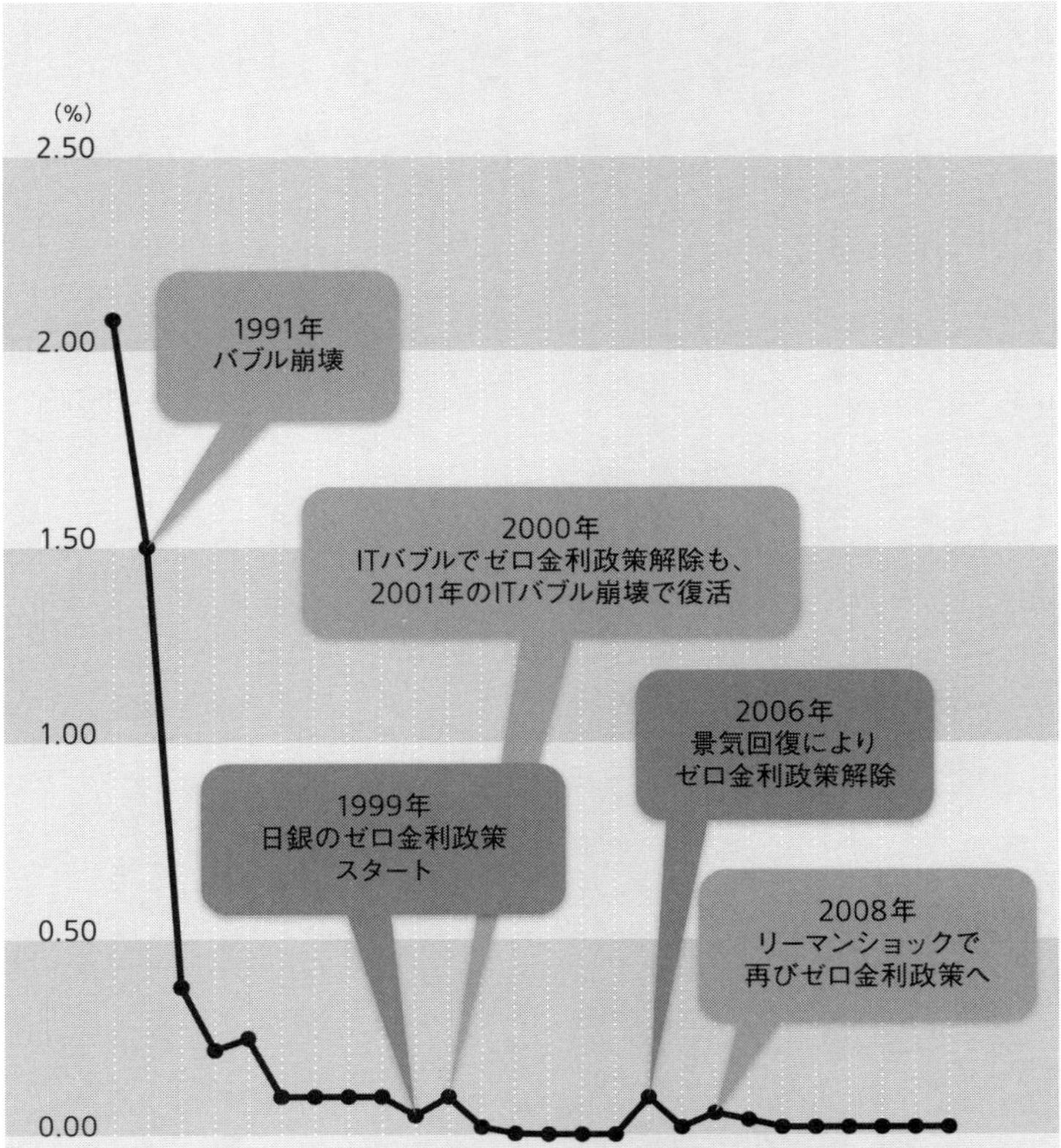

出典：日本銀行調査統計局「預金種類別店頭表示金利の平均年利率等について」をもとに作成

ることもリスクのひとつになっているのが現実なのです。そういう意味で現代は、「何もしないことがリスクになりかねない時代」だといえます。まずはそのことをよく認識し、自分ができる解決策のひとつとして、投資を検討していく必要があるといえるのです。

6

さまざまな投資の比較検討

経済情勢の影響が大きく予測しづらい株式投資やＦＸ

投資としてすぐに思いつくのは、株式投資とＦＸ（外国為替証拠金取引）です。これ以外に、債券や投資信託、先物取引などもありますが、個人が始められるものとして現実的なのは、やはり株式投資やＦＸあたりでしょう。

株式投資は、株価が上昇したときに売却することで利益を得ることができますが、これ以外にも株主優待や配当といった利点もあります。投資商品としては認知度も高く、不動産投資をする人のなかには、株式への分散投資をする人も見られます。

ただ、１９９０年代半ばのバブル崩壊や２００８年のリーマンショックなど、世界経済の動き次第で株価が大きく値を下げることもあります（図３）。経験者でもこう

図3　日経平均株価の推移

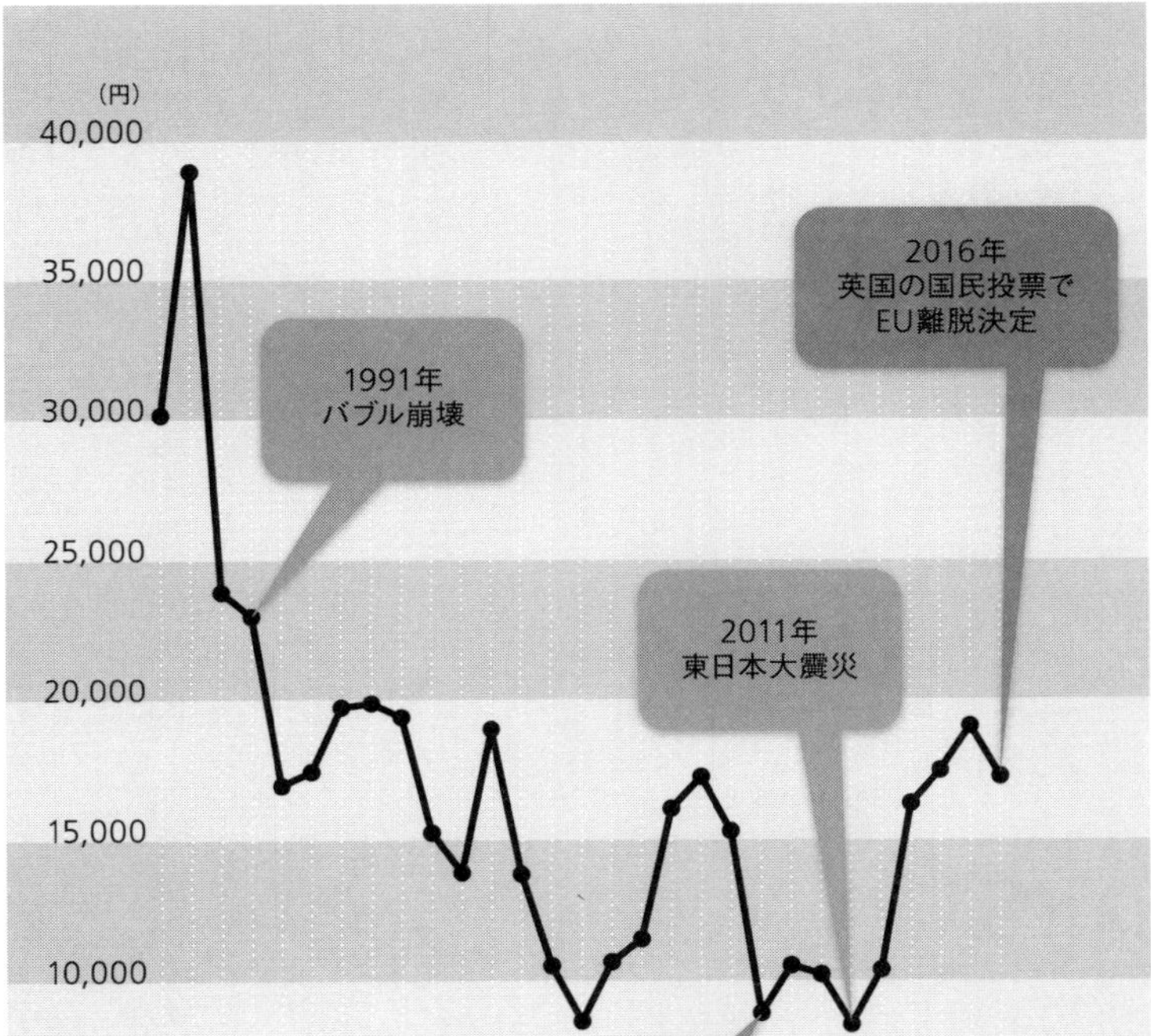

出典：日本経済新聞社　日経平均プロファイルより作成

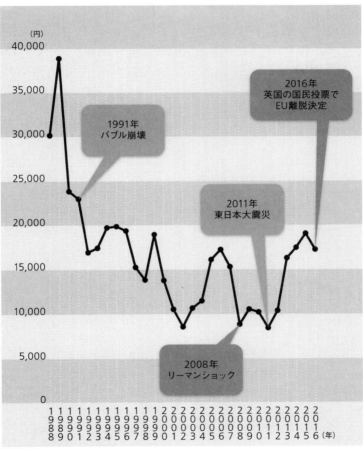

した動きを読むのはなかなか困難なため、リスクがそれなりに高くなってしまう面はあります。

一方、個人でも手軽に始められる投資として、近年人気なのがＦＸです。手数料がゼロのサービス会社も増えていますし、取引の最低単位が下がってきていることで、10万円程度の少ない資金で始められるようになったのが人気の大きな理由のひとつでしょう。

ＦＸは、２０１６年現在で25倍までのレバレッジを利かせることができるので、うまくいけば少ない資金で大きな利益を得ることも可能です。ただし、大きな利益が得られる可能性の裏には、大きな損失を出してしまう可能性もあります。また、大きなレバレッジで勝負した際に、自分が考えていたのとは違う方向にレートが動くと、あっという間に多額の損失が出ることもあり得ますので、そういう意味では株式投資以上にギャンブル性が高いといえます。

株式投資にしろＦＸにしろ、世界の経済情勢の影響を受けやすく、初心者では予測がしにくい点はリスクとして知っておくべきでしょう。先ほど例に挙げたリーマンショックや上海株の下落の他、ＦＸでいえば、２０１５年末から２０１６年にかけての急激な円高、さらには英国の国民投票でＥＵ離脱という結果が出た際にも急激な円高となりました。短期的な投資のひとつとして、無理のない範囲で考えるならいいとしても、長期保有による安定的な投資には向かない面があるのです。

安定的に長期運用できることが不動産投資の本質

では、不動産投資はどうでしょうか。物件の条件によってさまざまなケースはあるのですが、少なくとも需要の高い都心部の物件であれば家賃の下落も考えにくく、投資としては安定しているといっていいでしょう。経済状況が家賃相場にまったく影響しないわけではありませんが、株式やFXのような暴落がない分、資産が一気に目減りしてしまうというリスクは考えにくいのです。

その一方で、株式投資やFXのように、株価や値動きの変動次第で一気に大きな儲けを手にするという可能性は低くなります。そのため、「投資は一獲千金だ！」という考えの人にとっては、やや物足りないと感じる面はあるでしょう。

とはいえ、長期にわたって安定的なリターンがある、すなわち、ミドルリスク・ミドルリターンというのが不動産投資の大きな特徴でもあり、本質でもあるのです。その点を理解したうえで、資産形成の基礎として位置づけるにはピッタリの投資方法だといえます。

こうした不動産投資の特徴を理解するためには、インカムゲインという考え方を頭に入れておく必要があります。これについては、次の項で詳しく説明しましょう。

18

インカムゲインでの運用ができる

保有することで収益を生むのが不動産投資のメリット

投資による収益には、キャピタルゲインとインカムゲインがあります（図4）。売却益を得るキャピタルゲインの代表格として、たとえばFXがあります。FXの場合は、売買時のレートの差が収益（もしくは損失）になるので、単に保有しているだけでは利益にはなりません。利益を確定させるには、購入時よりも高くなった時点で売却する必要があります。

このことからもわかるように、キャピタルゲインの最大の弱点は、保有するだけでは収益にならず、売却のタイミングを逸したあとに値が下がるなどの不測の事態が起きると、大きな損失につながってしまう恐れがあることです。

一方のインカムゲインは、保有することで利益を生む仕組みなので、単純に考えて投資としてのリスクは少なくなります。

もちろん、インカムゲインにも弱点といえる部分はあります。不動産投資などは典型ですが、一定の収益を生むにはそれなりに高額な投資が必要になるということです。FXなら10万円の初期費用で始められますが、不動産投資はそうはいきません。たと

図4 キャピタルゲインとインカムゲイン

キャピタルゲイン		インカムゲイン
●株式投資の売却益 ●投資信託の売却益 ●不動産の売却益 ●FXによる利益	特徴	●株式投資の配当金 ●投資信託の分配金 ●不動産投資の家賃収入 ●外国為替のスワップポイント
●短期間で利益が得られる ●大きな値上がり益が期待できる	○ メリット	●安定して継続的に受け取れる ●上手に資産運用を続ければ保有中は安定した収入を得られる
●タイミングを逃して値下がりが起きると大きな損失となる	× デメリット	●一定の収益を生むにはそれなりの高額な投資が必要になる

えばマンションを1室購入するだけでも、通常は購入額が1000万円単位になります。

そうした高額な不動産投資がインカムゲインで成り立つ仕組みについては後述するとして、ここでは不動産投資がインカムゲインで回していけるということを覚えておいてください。

18

不動産投資のリスク

不動産投資のリスクを考えてみる

インカムゲインで安定的に収益を生むとはいえ、不動産投資にも当然リスクはあります。ここでは、不動産投資で考えられるリスクについて見ていきましょう。不動産投資のリスクですぐに思い当たるものを、以下にいくつか挙げてみます。

- せっかく物件を入手したのに、入居者がいないので家賃収入が得られない。
- 当初考えた家賃では借り手がつかず、家賃を下げざるを得なかった。
- ライフプランに合わない投資で運営が行き詰まってしまった。

- 会社選びに失敗し、物件管理がうまくいかない。
- 家賃の保証があったが、見直しが入って結局収入が下落してしまった。
- 家賃滞納や建物管理へのクレームなど、入居者とのトラブルがある。
- 中古物件を購入したが、経年劣化による補修費が予想以上にかさんだ。

これらは、不動産投資をするうえで考えられる一般的なリスクであると同時に、まさにこれから不動産投資を検討する人にとっては切実な心配ごとでもあるはずです。以下、不動産投資で考えられるリスクについて見ていきましょう（図5）。

家賃収入に関わるリスク

まずは、入居者がいないというリスクです。不動産投資は、マンションの1室や1棟を購入し、それを他人に賃貸することによって、賃料収入を得るというものです。つまり、投資の基本的な仕組みとして、入居者の存在が大前提となります。先ほどから述べているインカムゲインは、家賃収入があって初めて成り立つものなので、入居者がいなければ、それはすなわちローン返済が滞ってしまう恐れに直結します。

たとえば、投資用にワンルームマンション1室をローンで購入したとします。銀行ローンは毎月9万5000円の返済プラン、それに対して賃料を月10万円に設定しま

図5　不動産投資のリスク

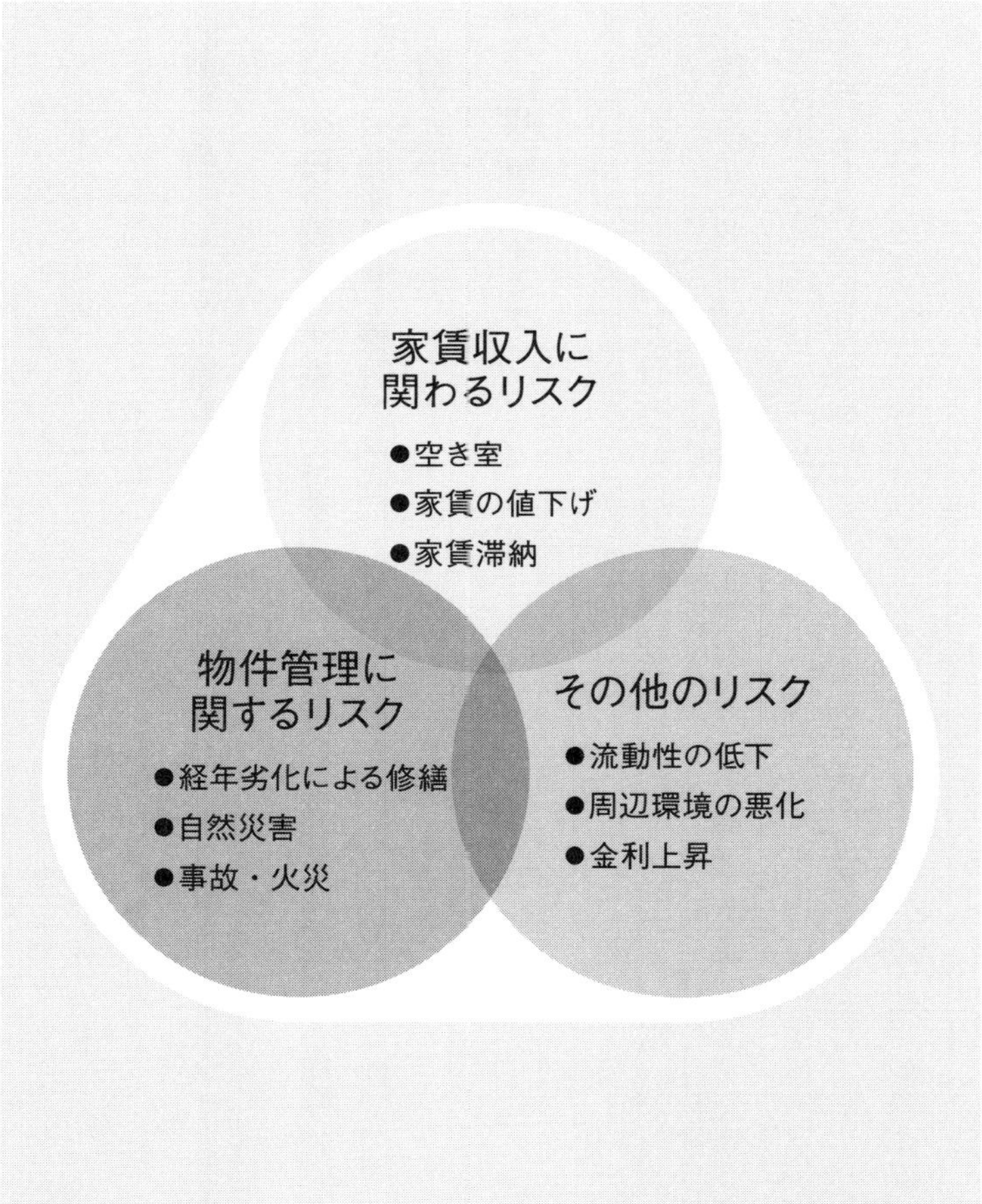

した。単純計算では、差し引き毎月５０００円のキャッシュフローが生まれることになります。しかし、もし入居者が現れず家賃収入を得られなければどうなるでしょう。収入がないのに毎月９万５０００円のローンを返済していかなければならないことになります。実際には、これにマンションの管理費用、あるいは物件保有による固定資産税などが加わります。これでは投資収益は絵に描いた餅になってしまいます。

借り手がつかない具体的な原因として考えられるのは、たとえば交通の便が悪かったり、治安が悪くて住みにくいエリアだったり、生活圏にスーパーやコンビニエンスストアがなかったりとさまざまでしょう。こうした地域の物件は格安で出ることが多く、一見するとお得感があるように感じるのですが、いくら安く入手しても入居者がいないのでは意味がないのは当然の話です。

設定した家賃で借り手がつかず、家賃を下げざるを得なくなるケースもこれに近いリスクだといえるでしょう。もし家賃を下げて借り手が見つかったとしても、家賃収入が減るわけですから、どうしても当初のローン返済計画通りにはいかなくなってしまいます。

同様に、入居者による家賃滞納なども、家賃収入に関わるリスクとして知っておいたほうがいいでしょう。

このような家賃収入に関わるリスクというのは、先ほども述べたように、ローン返済に支障をきたすような状況に直結するため、不動産投資のリスクのなかでも最大のリスクといえます。

物件管理に関するリスク

続いて、物件管理という問題があります。不動産投資をするということは、ある物件のオーナーになって他人に貸し出すということ。賃貸の場合、物件の管理や修繕などのメンテナンスはオーナーの役割となります。つまり、不動産投資を始めるということは、そうした物件管理にも無頓着というわけにはいかないということです。たとえば、専有部分で水漏れなどの不調がある場合は、どれだけ迅速に対応するかで、入居者の態度も変わってくるでしょう。オーナーとして、メンテナンスや管理をおろそかにしないことが、物件の価値を維持し、入居者とのトラブルを避けることにもなるのです。

ただ、そうはいっても自分で管理をすることには当然限界があります。そのため、すべてを自ら行うのではなく、物件管理などの専門的な部分はそれに精通したパートナーに外部委託、つまりアウトソーシングするのが一般的なやり方です。となると、その不動産業者の良し悪しで物件管理のクオリティも決まってきますし、実際、そこがうまくいっていないせいで入居者が出ていってしまうといったケースもあり得ます。

こうした物件管理に関するリスクは、不動産会社がアフターサポートをしっかりとやってくれるかどうかにかかっています。そのため、「物件が売れさえすればいい」という姿勢の不動産会社ではなく、共同運営をするくらいの姿勢を見せてくれる会社を選ぶことが重要になってきます。サービスが悪ければ顧客、すなわち入居者が離れてしまうということをしっかり認識し、良きパートナーを見つけることで、外部委託費用を支払ってもキャッシュフローを生み出せるような事業につくり上げていく……、これも不動産投資の事業としての醍醐味《だいごみ》といえます。

リスクに対する考え方と有効な対策

ここでは不動産投資で考えられる主なリスクについて述べてきましたが、実は有効な対策は比較的容易に導き出すことができます。

まず、家賃収入に関わるリスクですが、入居者がいて、家賃が下がらないようにすることが肝要なのですから、物件をしっかりと見極め、家賃の下がらないエリアかどうか、入居者のニーズに合っているかどうか、家賃は適正かどうかといった点について確認しておくことが必要になってきます。家賃滞納リスクに対しては、入居者の審査を厳正に行うといったことも重要でしょう。また、入居時の家賃保証会社への加入を必須にすることにより、滞納リスクを軽減することができます。

図6　信用して任せられる不動産会社の条件

- □ 疑問や質問に対して事実に即して答えてくれる
- □ 物件や周辺エリアについて十分な知識を持っている
- □ 買い手のライフプランに耳を傾けてくれる
- □ 物件管理・リスクについての情報を教えてくれる
- □ 適宜、適正な報告書を作成してくれる
- □ 事業規模が大きいなど、客観的な信頼性が高い

物件管理に関するリスクについては、すでに少し触れましたが、信用して任せられる不動産会社、自分と同じ立場でしっかりサポートしてくれる会社を選ぶことが最大の対策となります。単に物件を購入するだけでなく、ビジネスパートナーとしてふさわしいかどうかを判断するには、物件管理はもちろん、さまざまなリスクについての情報を教えてくれたり、またその対策についても親身に相談に乗ってくれたりするような会社であれば、ある程度は信用できます。

とくにこれから不動産投資を考えるのなら、物件選びや運営の仕方、ローン返済計画までしっかりとサポートしてくれるような会社を選ぶことで、多くのリスクを回避することができるでしょう（図6）。

19

不動産投資のメリットを生かす

インカムゲインとキャピタルゲインの良いとこ取り

不動産投資のメリットとして、インカムゲインで運営でき、長期にわたって安定的な収入が見込めることが最大の特徴だと述べましたが、売却することで収益を得ることもできます。

家賃収入で借入金を返済していき、やがてローンが完済すれば、不動産物件が自分の資産として手元に残ることが、不動産投資の最大の魅力です。そのまま賃貸物件として家賃収入を得続けることもでき、まとまったお金が必要になったときには売却して現金化することもできる。重要なのは、これが自分の判断で選択できるようになるということなのです。

もちろん、不動産というのは高額な商品なので、売りたいときにすぐに売れないケースもあります。これは、投資の世界では「流動性」といって、すぐに現金化できないことを「流動性が低い」という言い方をします。バブル期から1990年代以降のデフレ経済への推移を経験した世代なら、物件の価値が下がって、売れても損してしまうのではないかという不安があるかもしれません。

しかし、前項でも触れたように、人気の下がらないエリア選び、物件の維持管理といったことをしっかりと頭に入れておけば、流動性も高く維持することができます。自分の資産としてだけでなく、家族に残せる資産としても有効であることは、資産形成として考えればかなりのメリットといえるのではないでしょうか。

実は少ない元手で始められる不動産投資

不動産投資の高いハードルのひとつに、高額商品であることが挙げられるのはずでに触れました。しかし、実は不動産投資は、おそらく読者の皆さんが思っているよりも少ない元手で始めることができます。

具体的な投資の手順については2章に譲りますが、おおまかにいうと不動産投資ではなるべくローンを使って、自己資金を少なくするのが賢い方法といえます。もちろん年収や求める利回りによって初期資金をいくら用意するかは変わってきますが、家賃収入を利用したインカムゲインでの運営ができるのですから、与信枠をうまく使えば、意外に感じるほど少ない資金でスタートすることができるのです。

いってみれば「他人のお金で投資を始められる」わけですから、与信枠を利用しない手はありません。この点は、意外と知られていない不動産投資のメリットといえるでしょう。

無駄なく経費を計上すれば節税効果に

節税効果があるのも不動産投資の魅力のひとつです。不動産投資は、「投資」といいつつ、税法上は「事業」の扱いになり、当然ながら家賃収入は確定申告を行う必要があります。

その際、必要経費として認められるものがあり、家賃収入からそれらの経費を差し引いたものが、課税対象の不動産所得ということになります。家賃収入に対して経費が認められているのは、ローン返済の利息分、固定資産税、修繕費、損害保険料、減価償却費、管理会社への業務委託料など。さらに細かく見ていくと、共用部分の水道光熱費、物件確認時などの移動交通費、関係書類の郵送代なども必要経費として認められます（図7）。

不動産所得を低く抑えることができれば、単に還付される税額が増えるだけでなく、翌年の住民税が安くなるといったメリットもあります。また、万が一、不動産所得が赤字になってしまった場合、給与所得や他の事業所得との合算が可能なので、全体としての課税所得を減らせる効果もあります。もちろん、赤字にならないことがベストではあるのですが、万一のときのリスクヘッジとして知っておいて損はないでしょう。

不動産投資を始めたばかりでいきなりこうした経費をもれなく申告するのは難しいので、不動産業者に相談したり、いっそ確定申告は税理士に任せたりすることをお勧めします。ちなみに、税理士に支払う費用も経費として認められます。

時間を拘束されないため副業に当たらない

不動産投資は会社の副業禁止規定に触れにくいというのも、地味ながら重要なポイントです。

とくに会社に勤めている人の場合、会社に知られたくないと思う人も少なくないで

図7　不動産投資で経費として認められるもの

ローン返済額の利息分
固定資産税
修繕費
損害保険料
減価償却費
管理会社への業務委託料
共用部分の水道光熱費
移動交通費
関係書類の郵送代
賃貸管理代行手数料
各種税金
ローン保険料
税理士に支払う手数料

しょう。不動産投資で収益が上がると、加算分の住民税が給与所得から天引きされてしまうため、会社の経理担当に知られてしまうというケースがありますが、確定申告時に給与から天引きされないような指定もできます。こうした場合も、信頼できる税理士がいれば安心です。

また、そもそも不動産投資は、いわゆる副業禁止規定には触れない種類の事業です。企業が副業を禁止するケースというのは、副業を行うことによって本業に支障をきたしたり、所属する会社に何かしらの損害を与えたりするような場合です。けれども、不動産投資の場合は、物件管理やメンテナンスは管理会社に任せておくことができるため、時間を拘束されたり、それによって本業に悪影響を及ぼしたりといったことがありません。

また、不動産投資は、たとえばコンビニエンスストアのアルバイトのように、他社との重複雇用のようなかたちにはならず、あくまでも個人事業なので、世間一般の考える副業とは違います。「理由のいかんを問わず副業は禁止！」という会社を除けば、副業をすることによって不利益を被ることはまずないと考えていいでしょう。

1章では、他の投資方法との比較をしながら、不動産投資に関するリスクとメリットについて述べてきました。不動産投資は、一獲千金の投資ではなく、長期にわたって安定的な収益を得るのに最適な投資方法であることがご理解いただけたのではないでしょうか。また、おそらく予想と比べてハードルが高くないことに驚かれている読者も多いことと思います。

次章では、具体的な不動産投資の手順について考えていきましょう。

第１章のまとめ

不安定な時代だから
どんな投資が
ふさわしいかを
じっくり
考えましょう！

1

将来に不安のある時代

終身雇用が揺らぎ、公的年金制度が行き詰まり、預金金利がほぼゼロとなっている現代、将来に不安を覚えるのは当然です。

2

何もしないことがリスクに

預金していてもメリットはなく、物価が上昇すれば資産が目減りしてしまう恐れも……。何ができるのか考えましょう。

3

投資をじっくり検討する

リスクを取るという考え方をすれば投資を検討すべき。なかでもリスクとリターンのバランスが取れていて、安定運用できるのは不動産です。

第2章

「わたし」が不動産投資をやらないのは……

不動産投資の全体像がイメージできないから

狙い目は都心部の単身者向けマンション

ところで、いま最も投資に向く不動産はどんな物件だと思われますか。

投資に向く物件ですか。うーん、ワンルームの需要が伸びているというのはどこかで聞いたことがある気がしますが……。

一口に不動産といっても、いろんな種類がありますよね。新築か中古か、戸建てかマンションか、入居者は単身者かファミリーか……。これから不動産投資を検討するなら、まずはどんな物件がユーザーニーズに合っているのかをしっかり把握する必要があります。

なるほど。たしかに、他の投資との違いや不動産投資のメリットについては、私なりに理解ができてきたように思いますが、実際に始めるとなると差し当たって何をすればいいのか、また、それがわかったとして自分にできるのかという話になると、心もとない気がしてしまいます。私の知人のなかにも不動産投資に興味を持っている人はいるのですが、やはり具体的なイメージが湧かないのでちゅうちょしている

という話を聞きますね。

そうでしょうね。どのように物件を選べばいいのかについて、最初からいきなり具体的にイメージできる人はいませんよね。私は、自分がマンションを担当しているということもあって、物件としてはマンションをお勧めしています。また、新築か中古かという点では一長一短はありますが、資産価値を長持ちさせるという観点でいうなら、少しでも新しいほうがいいといえますね。中古物件を購入するとしても、なるべく築年数が新しいものや、メンテナンスがしっかりしていて資産価値を維持できているものを選ぶ必要があります。物件が古いと金融機関の評価が低くなることもあり、流動性を確保できなくなるケースもあるので、将来の売却という選択肢を確保するためにも、新しめの物件を選ぶのが無難でしょうね。

野呂田さんが不動産投資の対象としてマンションを推す理由って何でしょう。良い物件だと判断する根拠が知りたいです。

簡単にいうと、入居者ニーズがあるかどうか、ということですね。とてもシンプルなんですよ（笑）。不動産投資は、インカムゲインで回していく投資方法なので、

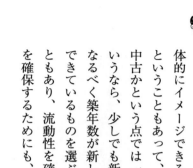

投資商品としての価値が下がらない物件を選ぶ必要があります。人口動態や都市流入の傾向を見ると、賃貸物件の顧客として有望なのは都心の単身者なので、当然、そういう層が選んでくれる物件にする必要がある。となると、戸建てというのは考えにくいので、どうしてもマンションということになりますよね。こう考えてくると、結局は、**投資物件として選ぶなら都心部の単身者向けマンション**が最適ってことになるんです。

ははあ、なるほど。しっかりとした分析に基づいての都心の単身者向けマンションってことなんですね。

家計のプランニング、戦略は夏休みの宿題？

ところで、私が担当したお客様のなかに、投資によって将来の不安への対策を取ることは夏休みの宿題のようだとおっしゃった方がいます。この意味、わかりますか？

夏休みの宿題……ですか。どういう意味なんでしょう。

都心
マンション
単身者

夏休みの宿題って、やらなければいけないのはわかっていても、どうしても先延ばしにしてしまいませんか（笑）。けれど、夏休みの終わりが近づいてきて、いよいよ「やらなきゃまずい！」となれば、面倒などということは言っていられなくなりますよね。そして、どうにか宿題を終わらせれば、肩の荷が下りたような気持ちになってホッとする。そのお客様は、不動産投資というかたちで将来に向けて手を打ったことで、夏休みの宿題を終えたときのような晴れ晴れとした気持ちになられたのだそうです（笑）。

なるほど、言われてみれば、あの「やらなきゃ」と、気持ちばかりが焦る感覚を思い出しました（笑）。

この「夏休みの宿題」という言葉は、将来に対して不安があって、これから何か手を打たなくちゃと考えている人にはスッと腑に落ちるようです。皆さん、考えていることは同じなんですね。

そういう話を聞くと、私にもできるかもしれないと勇気づけられます（笑）。では、不動産投資をこれから検討するとしての話なんですが……。やはり心配なのは、手

順がまったくわからないこと、それから費用です。どうしても手続きが煩雑なのではないかという不安がありますし、いくら与信枠を使うといっても、金銭的に自分には無理なのではないかと思ってしまいます。お客さんのなかにそうおっしゃる方はいませんか？

初めて不動産投資をされる場合は皆さんそうですよ（笑）。ですので、心配する必要はまったくありません。手順についてですが、たしかに不動産投資は普通の買い物とは違うので、**それなりの手続きは必要**になってきます。ただ、これは私の経験上、言えることなのですが、手続きの煩雑さが原因で不動産投資を避けるケースはほとんどありません。

えっ、そうなんですか⁉

実は、これは私にとっても意外でした。でも、よく考えてみると、いくら手順が煩雑といっても、いつまでも放っておいたら大変なことになっちゃうわけですから、自分の将来をしっかりと見つめれば、「将来について何とかしないといけない」という気持ちが、手続きの煩雑さに勝るのは必然なんですね。

そのまま放置していても良くならないどころか、状況はどんどん悪いほうに向かってしまいますからね。

資金をしっかり把握することが不安を解消する秘訣《ひけつ》

資金面についても、不動産物件は高額なのですから、自動販売機で飲み物を買うときのように、「これでいいや」というわけにいかないのは当然の話です。ランチで何を食べるか、これもまあ、あまり深刻に悩む人はいないでしょう。しかし、これが10万円のテレビを買うとなったらどうですか。カタログを見ながらいろんな製品の性能や特徴について時間をかけて比較検討したり、ときにはインターネットの価格比較サイトで最安値を調べたりもするでしょう。ましてや、不動産ともなれば数千万円もの買い物なのですから。

ええ、まさにそうなんですよ。それなりに年収があるといっても、これまでそんな高額商品は購入したことがないので、どうしても二の足を踏んでしまうんです。資金面での不安を払拭するにはどうすればいいんでしょうか。

資金の動きについて具体的な数字でしっかりつかむことでしょうね。最初に必要になるお金はいくらなのか、自分が金融機関からいくら借り入れることができて、それをどのように返していくのか、家賃収入と返済の収支はどうなるのかといったことです。つまり、お金の動きを明確にしていくわけですね。突然ですけど、ちょっとお化け屋敷を想像してみてください。お化け屋敷って暗いし、急にお化けが出てくるしで不安じゃないですか。でも、事前にコースを把握して、どこでどんなお化けが出てくるかを知っていれば、怖くもなんともないですよね。不動産もそれと同じで、具体的に把握さえしていれば不安はだいぶ軽減されます。

手順と資金をはっきりと把握することで、不動産投資のハードルがぐっと下がるということはよく理解できました。できればもう少し詳しく知って、〝夏休みの宿題〟を済ませてしまいたいという気持ちになってきました（笑）。

わかりました。では、不動産投資の手順と資金について見ていきましょう。こうした**投資についての相談ができる不動産会社を選ぶ**ことも、不安を減らしていくためには重要なので、その点にも触れたいと思います。

48 投資物件として選ぶなら都心部の単身者向けマンション

入居者像を分析することで需要が見えてくる

不動産投資のリスクについては1章で解説しましたが、何よりも肝要なのは、入居者にとって魅力ある物件かどうかです。

日本はすでに人口がピークアウトし、少子高齢社会へと進んでいます。人口が減っていくということは、単純に考えれば不動産全体の需要が減っていくということです。しかし、東京都および東京23区の人口の推移を見ると、緩やかではありますが上昇していることがわかります。これは、全国的な大都市流入傾向を考えれば、当然の数値といっていいでしょう。

一方、人口減少が進んでいる地方の物件では、どうしても入居率が低くなります。また、同じ大都市圏でもとくに関東エリアの空き家率が低くなっています。これから不動産投資を始めるのなら、都心部の物件を選ぶほうがいいというのは、こうしたデータがあるからです。

また、単身者向けという選択についても、日本人の晩婚化というはっきりとした傾

図8　東京都の家族類型別世帯数の推移と今後の予測

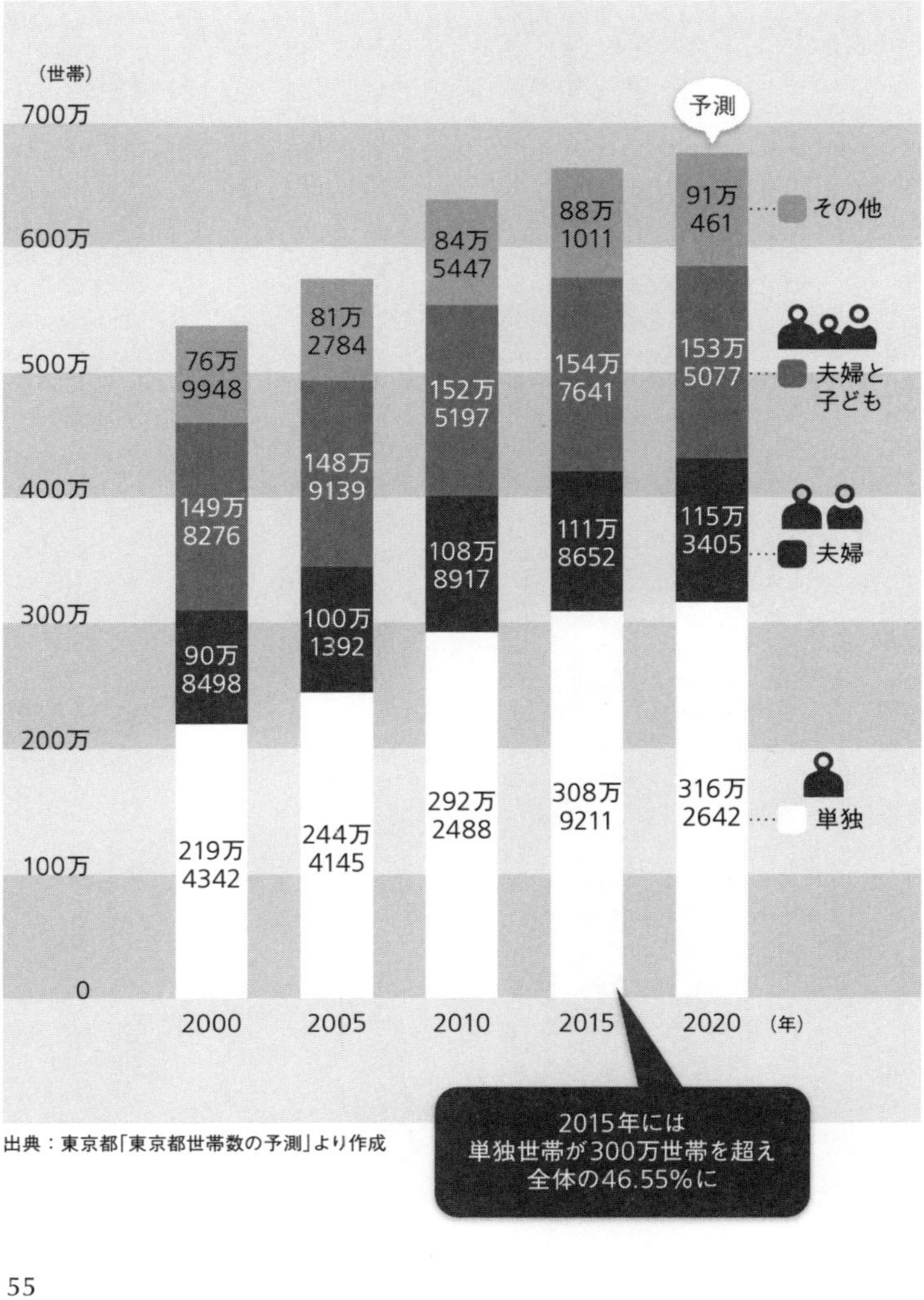

出典：東京都「東京都世帯数の予測」より作成

向があり、単独世帯が増えていることを示すデータもあります（図8）。晩婚化の原因は、もちろん本人の価値観や性格もあるのでしょうが、やはり大きいのは経済的な理由です。長引く不況や非正規雇用の増大で安定収入を得られないことが、結婚をためらわせる大きな原因になっていると考えられます。

こうしたことを考えてくると、リスクが少なく不動産投資にふさわしいのは、やはり都心の単身者向けマンションという結論になるのです。

ユーザーニーズのトレンドをつかむのが物件選びのコツ

では、実際に候補物件を見に行く際には、どのようなことに気をつければいいのでしょうか。3章でも詳しく解説しますが、ここでは考え方の方向性について簡単に触れておきます。

これまで何度も述べているように、不動産投資は物件の魅力が入居率に直結しますので、入居者目線で魅力的な物件かどうかをチェックしておく必要があります。

たとえば、住みたい街ランキングのようなものを調べてみる、駅からの時間を実測する、インターネット回線やオートロックなどの設備をチェックするといったことです。物件チェックの際には、自分が住むとしたら満足できるかどうかを基準にするといいでしょう。とくに近年ではセキュリティ意識が高まっているので、オートロックや認証システムは必須です。このようなユーザーニーズのトレンドをつかんでおくと、物件のチェックもスムーズにいきますし、物件選びでの失敗を防ぐことができます。

51 それなりの手続きは必要

不動産投資は「自分株式会社」を経営する事業

不動産投資を始める際の手順としては、以下のようなものが考えられます。

- 情報収集
- 問い合わせ
- 収支計画
- 資金計画
- 内覧・現地確認
- 買い付け証明書提出
- 購入・引き渡し
- 賃貸管理契約の締結

不動産取得は、個人がいきなりできることではないので、ある程度の話が進めば、プロである不動産会社が代行する部分も多くなっていきます。とくに書類関係の手続きは煩雑なため、書式も含めて個人ですべてをやるのは無謀だといえるでしょう（図9）。

不動産投資の入門書などを見ると、初心者向けをうたいながら、買い付けの手続きや売買契約、建物管理まで詳しく説明しているものもあります。しかし、これから不動産投資を始めるという人がそれを読んでもおそらくチンプンカンプンですし、理解できたとしても、自分一人でできるはずもありません。

不動産投資は事業なので、全体像を把握したり、主体的に考えたりすることは当然重要です。しかし、事業だからこそ、十分な知識もないまま、何もかも自分ですることは避けるべきなのです。不動産投資を事業と位置づければ、物件オーナーは、いわば「自分株式会社」の社長ということになります。しかもこの社長は、会社勤めなどの「本業」を持っているので不動産事業にかかりきりにはなれない……。

となれば、事務的な作業や細かい書類などはビジネスパートナーである不動産会社に任せ、必要なことはその都度、説明を受けながら経営判断をしていくというスタイルにするのが合理的だといえるのではないでしょうか（図10）。

図9　不動産取得で必要になる主な書類

打診

- □ ローン申込書
- □ 身分証明書（免許証、パスポート、保険証など）
- □ 源泉徴収票1期分、確定申告書3期分
- □ 借入返済表（自宅・既存・車・カードなど）
- □ 謄本（本物件・自宅・既存）
- □ 売買契約書

本審査

- □ 源泉徴収票3期分
- □ 課税証明書3期分、納税証明書3期分
- □ 重要事項説明書
- □ 集金代行契約書
- □ 賃貸借契約書
- □ 団信告知書
- □ 住民票
- □ 印鑑証明

図10　管理や手続きをアウトソーシング

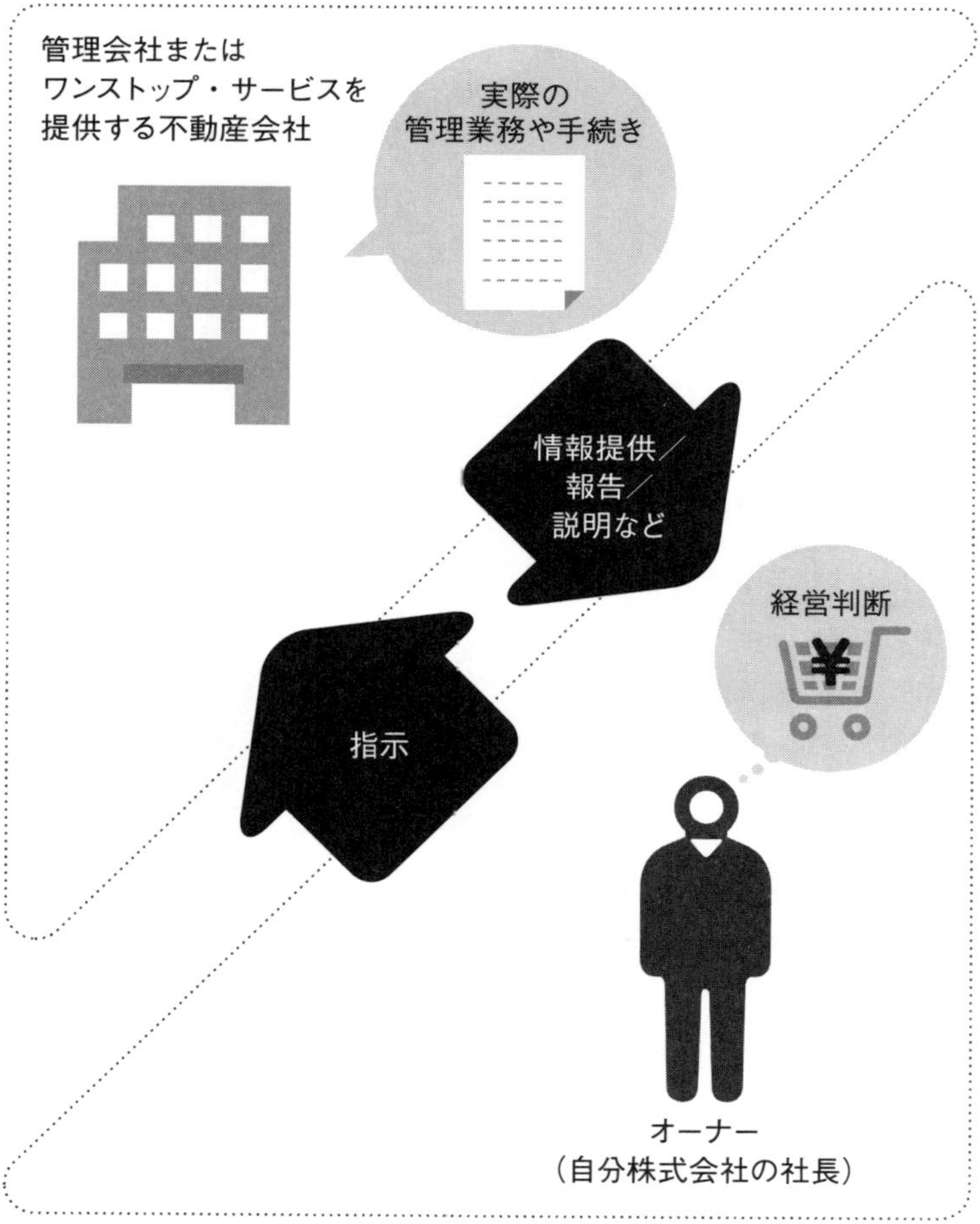

53

資金の動きについて具体的な数字でしっかりつかむ

不動産投資はライフプランでもある

不動産投資で重要なのは、自分のライフプランをしっかりと考えることです。そして、ライフプランには必然的に「お金についてどう考えるか」という問題が絡んできます。そこで、私が担当させていただくお客様には、具体的な取引を進める前に、まず以下のようなことを考えていただいています。

- 自分の現時点での資産を把握する。
- 自分が将来（とくに老後）、どのように過ごしたいのかを考える。
- そのためにどれだけのお金が必要かをざっくり考えてみる。

おおまかにでもこの3つが出そろえば、資金的な計画を立てるためのたたき台になります。不動産投資は、まぎれもなく資産形成ではあるのですが、それ以上に「ライフプランである」という重要な側面を忘れてはいけません。

とはいえ、自分だけで資金計画を立てるのは難しいので、不動産会社からの提案を受けて検討することになります。その際、資産状況や人生のビジョンなどについてヒアリングがあるのが普通ですが、遠慮することなく自分の主張をぶつけるようにしましょう。

人が生きていくためにはお金が必要ですし、ましてや年金も預金も当てにならない時代ですから、充実した老後を過ごすには、しっかりと資産計画を立てる必要があります。不動産投資は、単にお金を増やすのではなく、充実した人生を送るための原資になるということが最終的な目的なのですから、自分がどう生きたいかという点に密接に関連してきます。収支計画や資金計画を検討する際は、ぜひその視点を忘れないようにしてください。

与信枠を最大限に利用すれば自己資金は10万円で済む

では、続いて初期投資額や収支バランスといった点について考えてみましょう。

まず、初期投資額ですが、読者の皆さんは不動産投資を始める際に、手付金として最初に準備するお金はいくらだと思いますか。投資用物件の価格は数千万円なのだから100万円や200万円は必要だと思うのではないでしょうか。

しかし、実際は10万円あれば十分です。もちろん、ローンは少しでも少ないほうがいいので、金銭的に余裕があれば自己資金を多めに準備してもかまいません。

では、なぜ10万円でも始められるのかというと、すでに何度か触れましたが、与信枠を使うからです。借入額をなるべく小さくしたいというのは人情ですが、個人の与信枠というのは、金融機関が信用を担保してくれている枠なのですから、使わない手はありません。無理をしていまの生活を切り詰めるよりは、与信枠の限度いっぱいで借り入れをするほうが、むしろ余裕を持った返済計画が立てられます。

次に、その返済に関連して、家賃収入とローン返済のバランスをどう設定するかについてですが、私がコンサルティングを行う際には、収入と返済のバランスがほぼイコール、つまり収支ゼロをベースに返済計画をご提案しています。

不動産投資は、インカムゲインで運用していき、ローン返済後に資産が残る投資方法です。お客様の事情によっては、返済額を少なめに設定することもありますが、ローンの完済を早めるためにも、収支バランスを保って、無駄なく返済していくことをお勧めしています。その過程で、剰余金があるようなら、繰り上げ返済を検討することもありますが、繰り上げ返済は手数料がそれなりにかかる場合もあるため、慎重に検討します。

長期保有すればするほど手元に残る現金は多くなる

不動産投資にかかるお金がどのくらいなのか、途中で売却したらどのくらいの現金

図11

手取り740万円・35歳独身者の物件購入シミュレーション

物件購入時の費用	
分譲価格	2585万円
借入金額	2570万円
頭金	175万円（うち15万円は手付金）
返済年数	35年
金利	1.70%
諸経費（登記費用、事務手数料、火災保険料などの概算）	70万円
不動産取得税	19万円

収入	
家賃	7万8600円／月
管理費	1万円／月
合計	8万8600円／月（106万3200円／年）

支出		
ローン返済額	頭金あり	7万5964円／月
	頭金なし	8万1022円／月
賃貸管理手数料		3310円／月
管理費		6794円／月
修繕積立金		1000円／月
合計	頭金あり	8万7068円／月（104万4816円／年）
	頭金なし	9万2126円／月（110万5512円／年）

差し引きは、頭金ありの場合で月額1532円のプラス、頭金なしの場合で月額3526円のマイナスとなる

になるのか、やはり気になるのはこの点でしょう。といっても、これから不動産投資を考える人にはなかなか実際の数字がつかめないと思います。

　そこで、35歳独身者が都心の15畳ほどの広さのワンルームを購入するという状況を設定して、金額をシミュレーションしてみました（図11）。物件価格や購入者の年収などで変動するものなので、すべての人に当てはまるわけではありませんが、おおまかな目安にはなるでしょう。年収は額面で１０００万円、手取りで約７４０万円と設定しました。また、頭金を支払った場合とそうでない場合の両方を計算してみました。

　このシミュレーションを見ると、収入が月額８万８６００円、年額１０６万３２００円に対して、支出は頭金ありの場合で月

図12　**売却額シミュレーション**

	評価額	ローン残高	手元に残る現金
20年後（55歳時）	1762万円	1284万円	478万円
25年後（60歳時）	1635万円	891万円	744万円
30年後（65歳時）	1525万円	464万円	1061万円

物件の評価額は年々下がっていく

ローン残高は評価額よりも早く減っていく

結果として売却益は年々上がっていく

額8万7068円、年額104万4816円、頭金なしの場合で月額9万2126円、年額110万5512円となりました。つまり、差し引きの収支は、頭金ありなら月当たりプラス1532円、年当たりで1万8384円、頭金がない場合は月当たりマイナス3526円、年当たりで4万2312円です。

頭金を支払っても月にわずか1500円あまりのプラス、頭金なしでは3500円程度のマイナス……、この数字だけを見ると「本当に投資として成り立っているんだろうか?」と疑問に思うかもしれません。けれども、ローンの返済は順調に進んでいるわけですから、普段の生活に影響のない収支であれば問題はないのです。

続いて、もしこの物件をローン完済前に売却した場合、どのくらいの差額が現金として残るかについても見てみましょう。ここでは、20年後(55歳時)、25年後(60歳時)、30年後(65歳時)で売却予想額を出してみました(図12)。

年数がたてば、物件が古くなるため評価額は少しずつ下がっていきますが、ローン返済は進んでいるので借入残高は少なくなります。そして、資産価値が下がりにくい物件であればあるほど、評価額も下がりにくいので、結果として差し引きの利益が増えていくのです。このシミュレーションでも、たったの5年で300万円近い利益が積み上がっていますが、不動産投資が長期保有で安定的に運用する投資方法だということがおわかりいただけると思います。

53

投資についての相談ができる不動産会社を選ぶ

不動産会社に遠慮せず質問し、納得することが重要

物件選びや手続きを進めていくなかで、何度となく選択や決断をする場面が出てきますが、さまざまな検討項目に対して最初から明確な答えを見つけておく必要はありません。むしろ、多くの選択肢を残したままで検討し、それを踏まえて新たな情報収集を行い、また検討すればいいのです。

ここで重要なのは、相手に任せ切ってしまうのではなく、疑問に思うところは適宜質問し、納得しながら進めていくことです。要所では自ら判断すべきタイミングがありますが、その際も、不動産会社に勧められるままに決めてしまうのではなく、プロの意見は尊重しつつも、最後には自分の意志で判断することが重要です。

また、複数の不動産会社に問い合わせてみて、物件の質や対応の良し悪しをチェックしてみるのもいいでしょう。不動産投資は、人生の転機になるような大きな買い物なのですから、不動産会社に遠慮をする必要はありません。優良な不動産会社なら親身に問い合わせに応じてくれるはずですし、逆にいえば、それが優良な不動産会社を見極めるリトマス紙になってくれるでしょう。

客観的事実で説明してくれる会社なら信用できる

不動産投資というのは、いうまでもないことですが、物件を購入して終わりではありません。何十年という単位で運用していく商品ですから、アフターフォローをしっかりしてくれる不動産会社を選ぶことは、かなり重要な意味を持ってきます。

では、付き合うにふさわしい不動産会社の条件とは何でしょうか。結論からいうと、「あらゆることを具体的な事実に基づいて説明できる会社」ではないかと私は思います。

本書では、不動産投資のリスクや取得までの手順について説明していますが、本音をいってしまえば、いくら本で知識を得ていても、いざ問題に直面すれば冷静さを失ってしまったり、その結果として誤った選択をしてしまったりするものです。けれども、迷いや疑問があるときに相談できて、解決策を示してくれるような不動産会社に巡り合えれば、心強い味方になってくれるはずです。そして、その判断基準となるのが、事実を提示したうえで説明できる会社ということになります。

たとえば、極端に条件の良い物件に気持ちが傾いているときに、物件の本質的な価値を客観的に診断してくれたり、そのエリアの適正家賃を提示してくれたりするような会社であれば、安心して任せても大丈夫だといえます。

逆に、担当者の主観だけで「おそらく大丈夫ですよ！」などと言ったり、ファクトを示さずに購入させたい物件へと誘導したりするような会社なら、警戒すべきです。

とはいえ、いいことばかりを並べてくる会社やファクト自体の根拠が怪しい会社もありますので、本当のところを見抜くのはなかなか難しいという現実もあります。そんなときは、客観的な信頼性があるかどうかを判断基準にするのもいいでしょう。たとえば、企業規模が大きかったり、上場を果たしていたりする会社なら、客観的な信頼が担保されていると判断することができます。

ワンストップの会社ならオーナーの利便性がアップ

ポイントをもうひとつ挙げると、不動産販売から賃貸管理、建物管理までをワンストップ・サービスとして提供している会社なら利便性は高いといえます。

取得した不動産物件の管理には、「賃貸管理」と「建物管理」があります。賃貸管理というのは、入居者の募集、審査、契約事務、家賃徴収などを代行する業務で、建物管理は、共用部分の清掃や修理などを行い、建物の価値を維持する業務。いずれも、購入後に必要になる仕事で、オーナー本人がやるケースはあまりなく、管理会社に委託するかたちとなります。

不動産会社のなかには、販売のみを行うような会社もありますが、こうした会社だ

図13　　　ワンストップ・サービスの仕組み

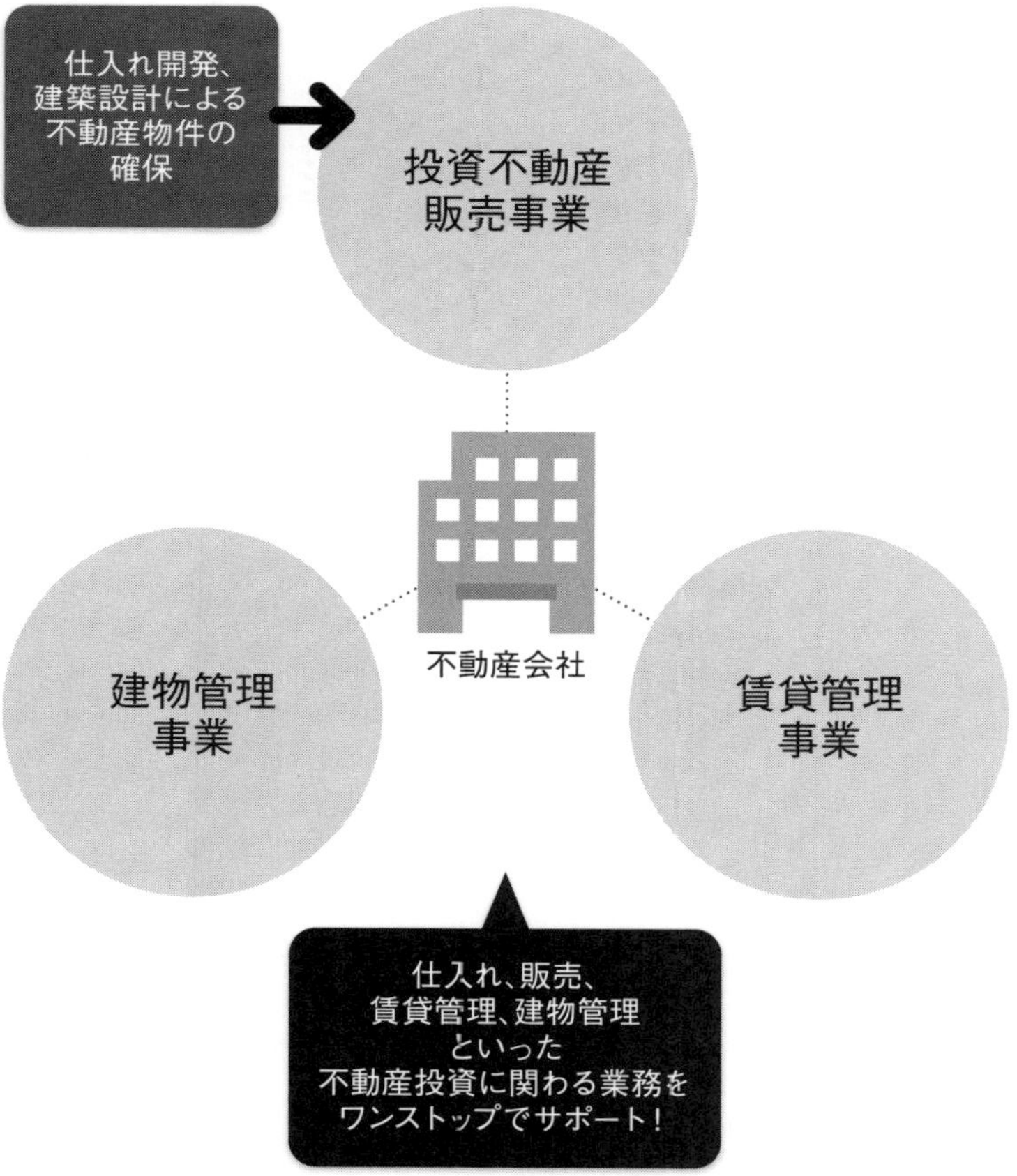

と「物件が売れさえすればあとはどうでもいい」という販売姿勢になりがちで、オーナーの側に立ってくれることは期待できません。また、賃貸管理や建物管理を別会社に委託する必要があるため、余計な手間やコストがかかってしまうことも考えられます。

けれども、これらすべてをワンストップ・サービスで提供してくれるような会社であれば、販売担当者と管理担当者の間で物件についての情報共有がきちんとできているため、何かあったときの反応も早く、コスト的にも抑えられる可能性が高くなります。さらに、不動産販売会社と管理会社とで別々に契約する手間からも解放されるので、オーナーにとってのメリットはかなり大きくなります（図13）。

これまで述べてきた通り、不動産投資というのは、単純なお金の問題ではなく、ライフプランニングでもあり、不動産会社の側にも、投資を検討している人の人生にある意味「踏み込む」という心構えが求められます。だからこそ、親身になって最適な提案ができると、私自身のこれまでの経験からもいえます。

お互いに信頼し合い、ＷＩＮ－ＷＩＮの関係を築けるような不動産会社と出会えれば、不動産投資の不安も確実に軽減することができるはずです。

第2章のまとめ

不動産投資は
ライフプラン。
資金運用や
不動産会社選びも
重要です！

1 不動産物件のニーズを知る

人口動態や入居者の嗜好を考えれば、資産価値の高い物件がどのようなものかが見えてきます。まずは物件ニーズをしっかり把握しましょう。

2 与信枠を利用した資金計画

現時点での資産をもとに資金計画を立てます。不動産投資を始める際は、与信枠を使えば自己資金は10万円程度で十分です。

3 信頼できる不動産会社を選ぶ

事実に基づいた話ができるか、上場しているかどうか、ワンストップでサービスを提供してくれるかどうかなどをチェックし、信頼できる不動産会社を選びます。

第3章

「わたし」が不動産投資をやらないのは……

意思決定をするのに何をどう考えればいいかわからなかったから

経営戦略的な視点で不動産投資を考えてみると……？

このあたりで、不動産投資について、経営やファイナンスという視点から考えてみませんか。

経営やファイナンス……ですか。

ええ、不動産投資は失敗するわけにはいかないのですから、収益や運用といったお金の話が絡んでくるのは当然ですよね。それなのに、何となく日本では、お金の話をすると「いやしい」とか「ケチ」みたいに見られがちだと思いませんか。

そうですね。人から「ケチ」と思われたくないという意識は誰にでもありますよね。

不動産投資でお金について考えることは、ケチでも何でもないんですよ。誰だって、多かれ少なかれ将来に不安は抱えていますし、しっかりと備えることで老後を充実させたいとか、家族に資産を残したいというのは自然な感情です。それがつまり、不動産投資がライフプランを支える存在になり得るということなんですね。日本人はもっと投資に興味を持っていいと思うし、もっと普通に日常会話に出てくるようになると、ライフプランの幅も広がっていくと思うんです。

たしかに、同僚から投資の話を聞いたときも、大っぴらにではなく「おれ、実はさ……」といった雰囲気でした（笑）。そういえば、野呂田さんはMBAを取得していらっしゃいますよね。私はファイナンスや経営についてはあまり詳しくないのですが、経営戦略的な視点で不動産投資を捉えるとどうなるのでしょう。

もともと私がMBAを取得しようと考えたのは、自分がプレーヤーからマネジャー職になって、的確な意思決定ができるようになりたい、そのために「経営の本質」というものを体系的に学びたいと思ったからです。それで、会社にお願いして働きながら学ばせてもらいました。

働きながら学ぶって、何だか昔の苦学生みたいですね（笑）。

昔の苦学生は「生活費や学費が苦しい」という意味での苦学生ですが、私は寝る間も惜しんで仕事と勉強を両立させたので、「時間がなくて苦しい」という意味の苦学

生でした（笑）。そのかいもあって、根拠に基づくロジカルな意思決定力は身についたと思います。でも、ＭＢＡ取得の恩恵はそれだけではなくて、個人の不動産投資を考えるうえでも、経営的な視点がとても役立つということに気づいたんですよ。

そのあたり、ぜひ詳しく聞きたいですね。

自分が事業の経営者であるという視点を持つ

不動産投資って個人の資産形成、資産管理ではあるんですが、ひとつの事業でもあるんですよね。これは大げさでも何でもなくて、文字通り事業経営そのものです。事業ということは、不動産オーナーは、不動産運用事業の経営者ということになりますよね。さらに、事業であるからには途中で破綻するわけにはいかないし、経営的な目線で運用していく必要があるということになる。そうした考え方をする際のツールとして、**ＭＢＡで学ぶ経営戦略的フレームワーク※が役立つ**んです。個人の資産管理でこういう知識が使えると、何をリスクとして捉えればいいか、どのような考え方をすればいいかがわかるので、不動産投資を始めるという決断をするにあたって、不安を解消してくれる役目を果たしてくれるでしょう。

※フレームワーク：ビジネス上の法則や分析、情報の仕分け、改善などを簡単に行えるよう、あらかじめ準備しておくツール。

SWOT
3C
4P
マーケットイン

ＭＢＡを通して学ぶ戦略思考にフレームワークがあるというのは、最近よく聞きますね。３Ｃとか４Ｐとか……、そういうのですよね。

そうです、そうです。もちろんフレームワークだけではなくて、経営戦略的なものの見方をすることで、いろんな課題がクリアになったり、その結果として不安や疑問が払拭されたりします。

具体的にはどんな考え方をするんでしょうか。

そうですね。たとえば、いまも話に出た３Ｃで考えると、不動産投資を始めるべきかどうかを客観的に判断できます。また、４Ｐやマーケットインといった考え方が身につけば、自分が購入を検討している不動産物件をマーケティングの視点で捉えることができるようになります。それから、**経営戦略の視点があれば不動産投資への理解が深まる**だけでなく、もっと大局的に判断できるようになるんですよ。

マーケティング視点で捉えられるとか、大局的に判断できるというのは、不動産投資についての知識が乏しい初心者にとってありがたいですね。経営とかファイナンスといわれてしまうと、どうしてもちゅうちょしてしまいますが……（笑）。

不動産投資というのは事業ですから、その事業に参入するためにいろんなことを検討しないといけませんよね。経営戦略的な視点というのは、経営判断するにはどこがポイントになるのかをつかむことが重要で、それによって自分が不動産投資という事業に参入するかどうかを合理的に判断する手助けをしてくれるものだと考えておけばいいと思います。

なるほど、それなら付いていけそうです（笑）。不動産投資を始めるかどうか、悔いのない決断をするために、経営戦略的な視点をぜひ詳しく知りたいです。

76

MBAで学ぶ経営戦略的フレームワークが役立つ

客観的なツールで不動産投資を自己チェック

ＭＢＡとは、Master of Business Administrationの略で、「経営学修士」のことです。経営、ファイナンス、マーケティングといった、ビジネスに関わる知識を体系的に学び、経営に役立てられると認められた者に授与されます。

本書でＭＢＡホルダーの視点から不動産投資を考えてみたいと思ったのは、不動産投資を経営戦略的な視点から捉えることで、検討すべき課題が整理されやすくなり、冷静な判断の手助けになってくれると考えたからです。

とはいえ、経営戦略的な視点というのは、ちょっとかじった程度ですぐに実践に生かせるというものではありませんし、本書はＭＢＡの専門書や解説書ではないので、そこまで深く掘り下げて考える必要はありません。幸い、ＭＢＡで学ぶ経営戦略的思考には、フレームワークというツールがありますので、これを活用しながら考えていきましょう。

フレームワークをそのまま訳すと「骨組み」「枠組み」といった意味ですが、ここで取り上げるフレームワークは、ビジネス上の法則や分析、情報の仕分け、改善などを簡単に行えるよう、あらかじめ準備しておくツールを指します。ワープロソフトや表計算ソフトなどで、文書のテンプレートが用意されていることがありますが、ざっくりいえばあれに近いものと考えておくといいでしょう。

フレームワークの優れたところは、汎用性のある機能やルーティン化できるプロセスをすでに落とし込んだかたちになっている点です。このため、ゼロベースで考える必要がなく、経営戦略的な視点に慣れていない人でも適切な判断が下せるようになります。

不動産投資が事業であるという点については、これまでも繰り返し述べていますが、これから不動産投資を始める人にとって、物件に対して冷静かつ客観的に判断を下すのはかなり難しいというのが現実でしょう。いったん「この物件がいい」と思い込んでしまうと、その思い込みで判断力が鈍り、評価が甘くなってしまうこともあるからです。

そんなときにフレームワークという客観性のある分析ツールがあることで、これから自分が不動産投資を始めることが適切なのかどうかを冷静に判断できるようになるのです。

78

経営戦略の視点があれば不動産投資への理解が深まる

全体的な思考プロセスをつかむ

経営戦略的な視点といっても、具体的にそれがどのような視点で、不動産投資にどのようなかたちで生かしていけばいいのか、最初はなかなかわかりづらいと思います。そこで、まずは数あるフレームワークや経営戦略的な考え方のなかから不動産投資に生かせるものをいくつか選び、どのような思考プロセスになっているかを示します。そして、全体の流れがつかめたところで、それぞれのフレームワークや考え方について考えていくことにしましょう。

ここでは大きく、「経営戦略視点」「マーケティング視点」「ファイナンス視点」の3つに分けて、話を進めていきたいと思います。紹介するフレームワークや考え方は以下の通りです。

（1）経営戦略視点…………「3C分析」「SWOT分析」
（2）マーケティング視点…「4P（マーケティング・ミックス）」「マーケットイン」
（3）ファイナンス視点……「利回り」

まず、経営戦略視点では、「3C分析」と「SWOT分析」で、購入物件を選ぶ際の考え方や物件の客観的な位置づけを確認します。「3C分析」も「SWOT分析」も経営学の基本フレームワークとしてよく知られており、事業の意思決定では広く用いられているので、基本的な方向性を決める際に役立つでしょう。

続いて、マーケティング視点では、入居者のニーズという観点から物件について考えていきます。不動産投資という事業を円滑にスタートさせるうえで、入居者のニーズをしっかりと把握することはとても重要です。ここでは、「4P（マーケティング・ミックス）」と「マーケットイン」を紹介しましょう。いずれも物件の持つ魅力や競争力をわかりやすく示してくれるので、事業として始めるに足るものであるかどうかの判断をする際には役に立つはずです。

さらに、ファイナンス視点では、「利回り」について具体的なシミュレーションも交えながら考察し、現実的に収支がどうなっているのか、リスクとリターンについてどう考えればいいのかといった点を考えてみたいと思います。

3C分析、SWOT分析、4Pについては、どのような点を不動産会社に確認すべきなのかを表にまとめました。「Check！」のマークがありますので、不動産投資を始めるかどうかの判断にぜひお役立てください。

経営戦略視点

【3C分析】

3C分析の3つのCは、顧客（Customer）、競合（Competitor）、自社（Company）です。これから不動産物件を購入しようとしているのなら、この3つのCが頭に入っていると、失敗の可能性を大幅に減らすことができます。

不動産投資は、入居者からの家賃で運用するわけですから、まずは入居者がいる必要があります。また、部屋を借りてもらうには、物件そのものが周辺物件よりも魅力的でないといけません。このシンプルな仕組みが3Cそのものなのです（図14）。

3つのCをそれぞれ不動産投資に当てはめると以下のようになります。

顧客＝入居者
競合＝周辺物件
自社＝自分の物件を含む「自分株式会社」

「自分株式会社」という言葉は、不動産投資が事業であるという意味で使っています。

図14　不動産投資に見る3C

図15　Check! 3Cの観点から不動産会社に確認すべきポイント

Customer 入居者	● 最寄り駅は魅力的か ● 乗降者数は十分にあるか	● 住宅が供給過多になっていないか ● 地域の人口動態は上昇トレンドか
Competitor 周辺物件	● 駅から自社物件までの間にどのくらいの競合物件が存在するか ● 競合物件と比較してデザインや仕様などが魅力的か	
Company 自分の物件を含む 「自分株式会社」	● 強みや弱みは何か ● 無理のない与信枠があるか	

強みと弱みは
次のSWOT分析で
詳しく検討

この自分株式会社のなかには、物件そのものだけでなく、現時点の給与や保有している資産、家族構成など、さまざまな要素がありますが、そうした要素は人それぞれで違ってくるため、ここでは物件そのものに焦点を当てて解説していきます。

不動産物件を選ぶ際には、まずは自分が保有する物件そのものが魅力的でなければいけません。物件の魅力というのは、たとえば立地やエリア、交通の便、周辺環境、家賃設定など、さまざまな要素があります。それらをしっかりと分析することで、物件の価値を知ることができます。

そして、自社には必ずライバルとなる競合他社がいます。先ほど挙げた立地や交通の便などの要素について、自社と他社の物件を比較しながら、競争力を評価します。これがしっかり分析できていれば、空き室リスクは自然と軽減されるでしょう。

また、顧客のニーズやトレンドについても、把握しておくに越したことはありません。都心部、単身者など、はっきりとした傾向をつかめてさえいれば、物件選びで間違えることはないでしょう。こうした判断が迷わずできるのも顧客分析の有用性なのです（図15）。

ある企業が新商品を開発する際には、その商品の魅力や売りを考え、他社の商品と比較し、想定顧客が得られるという結論に達してからゴーサインが出ます。不動産投資でも、この流れはまったく同じだと考えられるのです。

【SWOT分析】

SWOT分析とは、強み（Strengths）、弱み（Weaknesses）、機会（Opportunities）、脅威（Threats）の頭文字を取ったもので、自社の外部環境と内部環境を把握するためのツールです。

この4つの要素は、内部環境と外部環境、ポジティブ要素とネガティブ要素の組み合わせで決まります。つまり、内部環境のポジティブ要素が「強み」、内部環境のネガティブ要素が「弱み」、外部環境のポジティブ要素が「機会」、外部環境のネガティブ要素が「脅威」ということになります（図16）。

具体的にはどのようなものが「S」「W」「O」「T」に当たるのか、不動産に当てはめて考えてみましょう。まず強みですが、これは自分が所有する物件の長所ということになります。たとえば、家賃が低めに設定されているとか、駅から近いとか、近所にコンビニエンスストアがあるといったことです。セキュリティがしっかりしていたり、設備が充実していたりといったことも、強みだと考えていいでしょう。

一方の弱みは、たとえば幹線道路沿いで騒音が大きいとか、建物の経年劣化があるといったことです。周辺の競合物件と比べて機能面が劣っているなどというのも、弱

図16　　不動産投資に見るSWOT分析

	ポジティブ要素	ネガティブ要素
内部環境	**S** 強み Strengths ●家賃が安い ●セキュリティ完備 ●近所にコンビニがある ●駅から近い　など	**W** 弱み Weaknesses ●建物に経年劣化がある ●設備や機能が劣る ●騒音　など
外部環境	**O** 機会 Opportunities ●低金利 ●人口の都市流入 ●晩婚化　など	**T** 脅威 Threats ●天災 ●デフレによる地価下落 ●金利上昇　など

みとして挙げられます。弱みは、場合によっては改善できる部分もあるので、リカバリーによって弱みを強みに変えることも可能です。

機会と脅威については、国内経済の状況や業界事情が主なものになります。たとえば、現在はマイナス金利なので、ローンを組むのが有利です。これは機会に当たります。けれども、今後もマイナス金利が続く保証はありません。金利が上昇すればローン返済額にも影響が出てきてしまうため、機会が脅威に転じてしまう可能性があります。また、人口の都市集中や晩婚化は、単身者向け物件にとっては機会といえますが、一方でデフレによって地価が暴落する可能性や巨大地震による天災リスクは、脅威として認識しておくべきだといえます（図17）。

機会について注意したいのは、低金利のようなわかりやすい要素だけではない点です。たとえば、世界的な金融緩和によって、運用商品の利回りが下がっているという状況がありますが、日本国内の不動産の利回りは一定なので、相対的に利回りの価値が高まっているのです。これから不動産会社との面談を始めるのなら、こうした点までしっかりと答えてもらえるかどうかが、その不動産会社の実力を探る手がかりになるでしょう。

機会と脅威は、強みや弱みと違って、自分の力ではどうにもできません。金利も地震も個人の力ではコントロールできないのですから、これは当然でしょう。だからこ

図17　Check! SWOTの観点から不動産会社に確認すべきポイント

S 強み
- この物件の強みだと思う点を3つ挙げ、実際にそれが強みになっているかどうかを不動産会社の担当者に確認する

> まずは自分で考えてみることが重要

W 弱み
- この物件の弱みだと思う点を3つ挙げ、実際にそれが弱みになっているかどうかを不動産会社の担当者に確認する

O 機会
- 不動産投資への需要の高まりの根拠は何か
- 低金利が続くかどうか
- なぜ都心の単身者向けマンションが狙い目なのか
- 東京の不動産になぜ価値があるのか

> 機会と脅威には必ず要因がある。その要因の背景や根拠を示せる不動産会社を選ぶと失敗の確率を減らせる

T 脅威
- 金利が低下する可能性があるかどうか
- 資産価格下落の要因となるものは何か
- 賃貸料金の変動の見通しがどうなっているか
- 災害（地震、水害など）への対策はできているか
- 利回りが変動する可能性があるか
- 家賃保証、サブリースについての変動要因は何か

そ、普段から情報にアンテナを張り、いざというときには迅速に対応できるような準備をしておくことが必要になるのです。

物件を選ぶ際に、こうした要素を俯瞰《ふかん》するようにすると、一種のチェックリストのような役割を果たしてくれるため、冷静に物件価値を判断することができます。

マーケティング視点

【4P（マーケティング・ミックス）】

4Pとは、マーケティングで使われるフレームワークツールで、製品（Product）、価格（Price）、流通（Place）、プロモーション（Promotion）の4つの要素のことです。これを不動産投資に応用する際は、Productが物件、Priceが家賃設定、Placeが立地、Promotionが販売促進となります（図18）。

この4つは、それぞれが独立しているわけではなく、お互いに密接な関連がありま す。物件に魅力があれば家賃設定でも有利になりますし、立地が良ければ販売促進もスムーズに進みます。また、販売促進は管理会社にアウトソーシングすることになるので、その会社の実績やブランド、信頼性も重要になるでしょう。これらがバランス良くミックスされていることで、マーケティング的な効果が発揮され、結果として適

図18

不動産投資に見る
4P（マーケティング・ミックス）

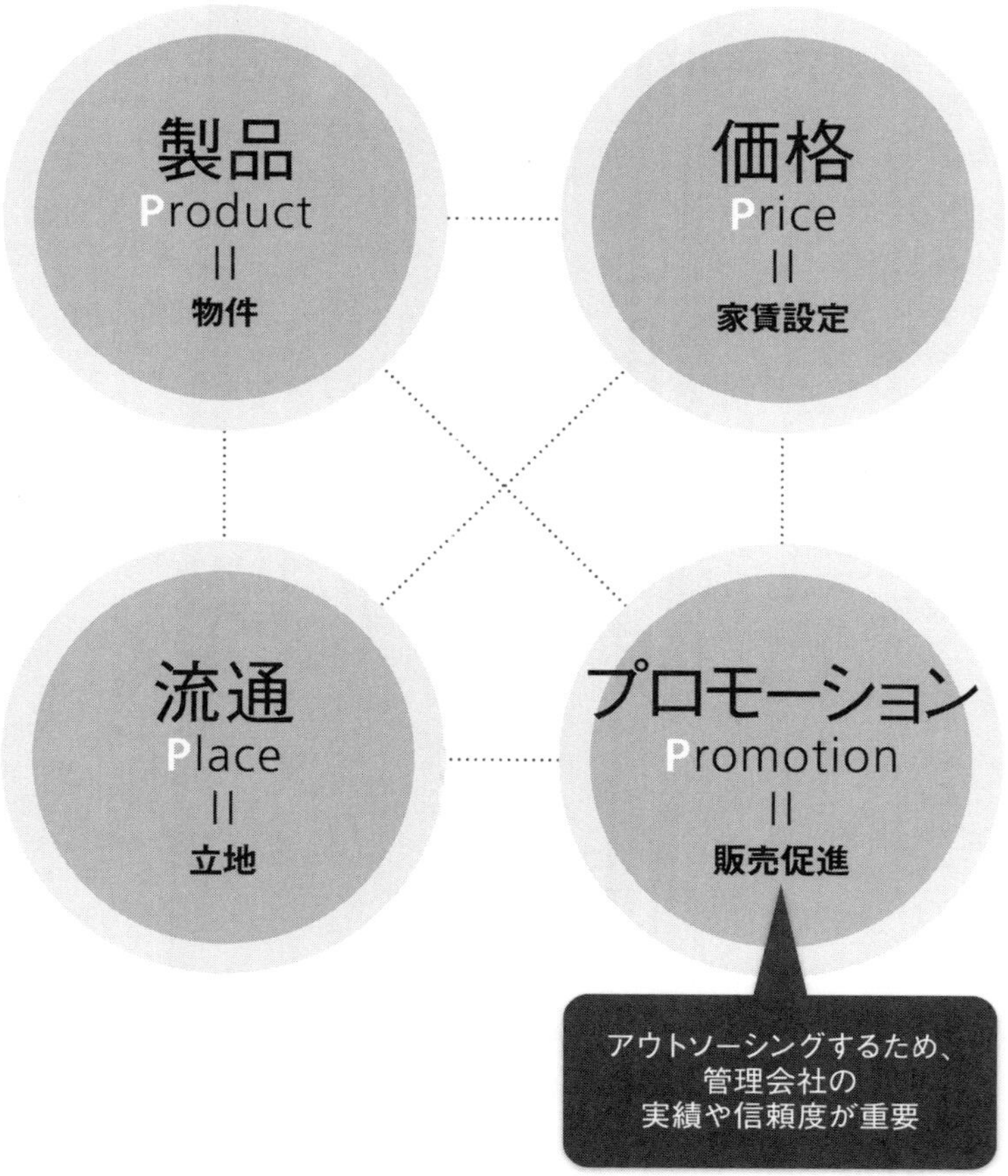

図19　Check! 4P（マーケティング・ミックス）の観点から不動産会社に確認すべきポイント

Price 家賃設定	● 賃料設定は周辺物件と比べて妥当か ● 競合物件と比べて高いなら、その合理的な理由があるか（仕様、設備など） ● 賃料相場は上昇傾向か	賃料設定は利回りに直結するので重要（97ページ図21参照）
Product 物件	● 入居者ニーズを満たす品質の物件になっているか ● 客観的に見てデザインが優れているか ● ブランド価値が高い、もしくは価値を高めようとしているか	客観的に判断できるようなデータや数値があるかどうかをチェック
Place 立地	● 需要の高い立地か ● リセールバリューはあるか	ブランディングがしっかりしている物件は競争力があるためリセールしやすい
Promotion 販売促進	● ターゲットとする入居者を絞り込めているか ● アウトソーシング先の管理会社がしっかりブランディングしているか ● アウトソーシング先の管理会社の手数料は適切か	アウトソーシングする管理会社の実績や実力を知ることが大事

切な判断をすることができるのです（図19）。

マーケットインは、マーケティング上の商品の性格を示す語で、通常はプロダクトアウトという用語と対で使われます。まずは、このマーケットインとプロダクトアウトの違いから解説します。

ごく簡単にいえば、マーケットインは市場やユーザーの立場からニーズに沿ったものを提供すること、プロダクトアウトはつくり手や開発側の発想で商品を提供することです（図20）。両者には、それぞれ一長一短があり、業種や商品の種類によって使い分けるのですが、競合の多い商品や使い勝手が重視されるような商品では、マーケットインがふさわしいのはいうまでもないと思います。

【マーケットイン】

不動産投資で物件を選ぶ際には、その物件が入居者のニーズをきちんとくんでいるかどうか、すなわちマーケットインの思考プロセスでつくられたものかどうかをしっかり見極める必要があります。

マーケットインの発想でつくられた物件は、入居者に喜んでほしいという考えが息づいているものです。単にスペック上の機能が優れているだけでなく、たとえば浴室の壁の材質が上質だったり、木材が使われている箇所でしっかり面取りがしてあった

図20　マーケットインとプロダクトアウトの違い

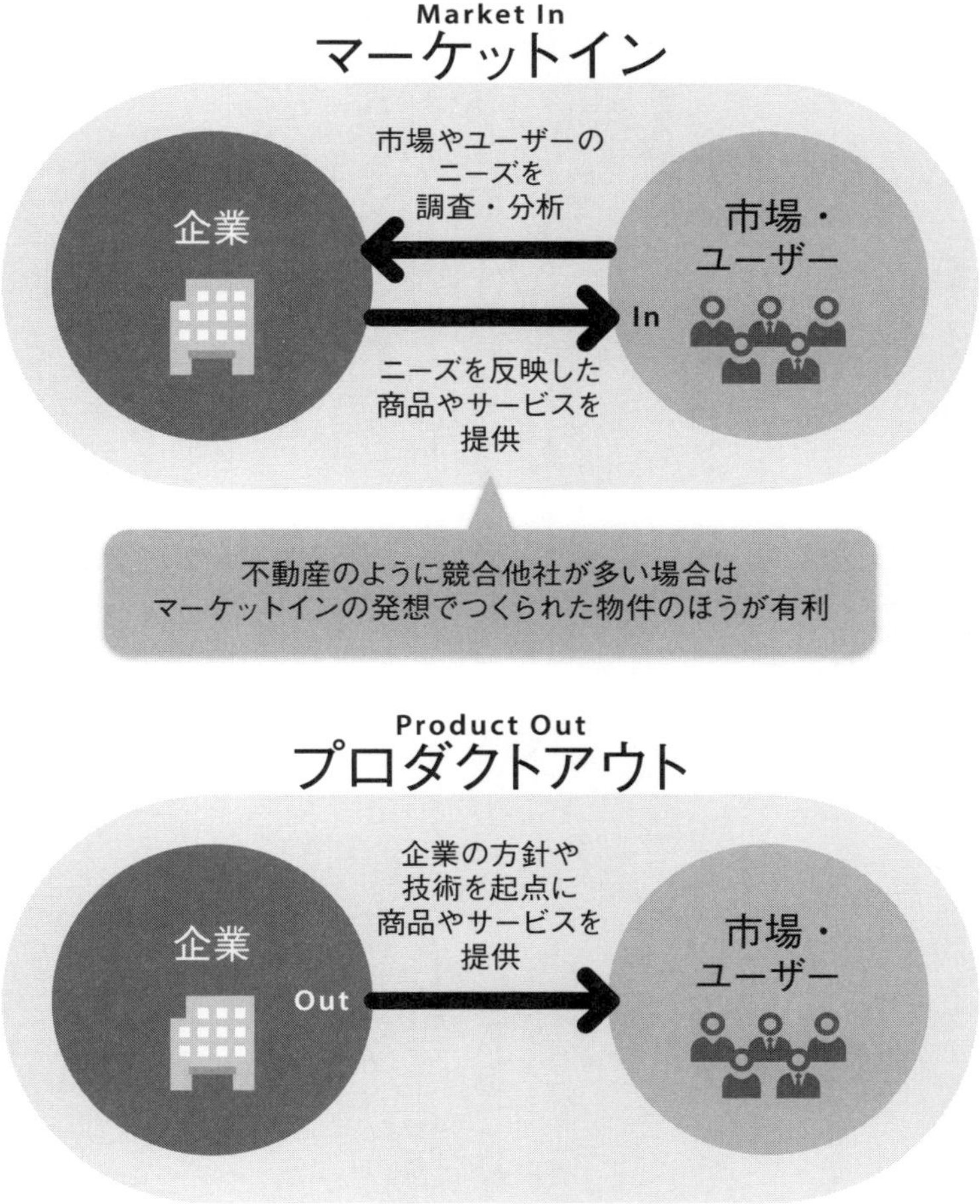

りと、細かいところまで丁寧につくってあります。これらの一つひとつは、入居者が内覧時に気づかなくても、全体の印象として感じ取るものです。

入居者は物件を決めるときに、おそらくいくつもの部屋を内覧するはずです。そのなかで選んでもらえる物件になる傾向が高いのは、明らかにマーケットインの発想でつくられた物件です。

不動産投資は、入居者に選んでもらえなければ成立しない事業だというのは、これまでも繰り返し述べてきました。自分にとって魅力があるというだけではなく、入居者にとって魅力ある物件こそが、投資物件としてより大きな可能性があるのですから、それをしっかり見抜くためにも、マーケットインの発想が生かされているかどうかは、重要なチェックポイントだといえるのです。

ファイナンス視点

【利回り】

フレームワークではありませんが、不動産投資を始めるにあたってぜひ知っておきたい知識として、「利回り」についてもここで説明しておきます。

利回りというのは、物件の収益度を判断するための指標で、単位は「%」で示されます。利回りは、年間収入を物件価格で割ることで求められますが、ここでは私たち不動産会社がよく使う数式を紹介します（図21）。

不動産投資では、CF（キャッシュフロー）が年間の家賃収入に当たります。図21は、これを利回り率で割ることで物件価格を導き出す数式で、不動産を提供する私たちのような会社にとっては、すべての土台になるほど大切なものです。物件価格、年間収入、利回り率の関係がつかみやすいため、不動産投資を始めるか検討している人にとっては、判断の役に立つはずです。

利回りは、高いほうがいいというのが建前ですが、利回りがいいからといって優良物件とは限らないところが曲者です。この点については少し説明を加えましょう。

図21　物件価格、年間収入、利回り率の関係

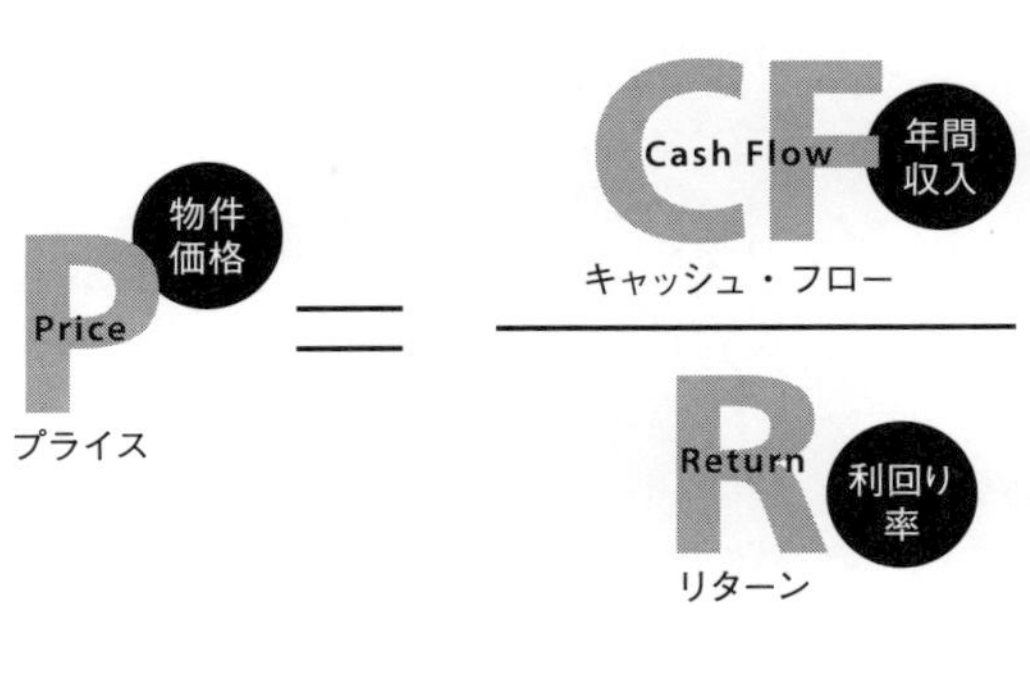

不動産物件に限らず、あらゆるものの価格には市場原理による調整が働くという特性があり、それがいわゆる相場です。たとえば、新宿駅から徒歩3分の物件と東京23区外の駅から徒歩20分の物件とでは、おのずと家賃相場や利回りが違ってきます。

図21に当てはめ、具体的に数字で考えてみましょう。あるエリアで家賃収入が年間150万円、利回りが5%、つまり0・05だとしたら、150を0・05で割るので、結果として物件価格は3000万円と導き出されます。もちろん実際にはもっと複雑な要素が絡んできますが、相場として目安になるのはこの価格ということになります。

もし同じエリア内に同じようなクオリティのマンションが2つあったとして、いずれか一方の利回りが極端に良かったとしたら、どのように考えればいいのでしょう。

これも右の例をもとに数字で考えてみます。もし、利回り率が0・08なら、150万円を0・08で割ると物件価格は1875万円となり、利回り率0・05のときよりも1125万円も安い物件ということになります。また、価格が3000万円のままで利回り率を0・08に変更すると、年間収入が240万円となり、90万円も増えます。月額に直せば12万5000円の家賃が20万円に跳ね上がるのです（図22）。

もちろん同じエリア内でも、物件の築年数や駅からの距離で数千円程度の家賃のバラつきはあります。けれども、物件価格に1000万円以上の差が出たり、家賃が5万円以上も高くなったりするようなことはあり得ません。利回りが極端に良いという

図22　同じ条件で利回りだけが高くなることはあり得ない

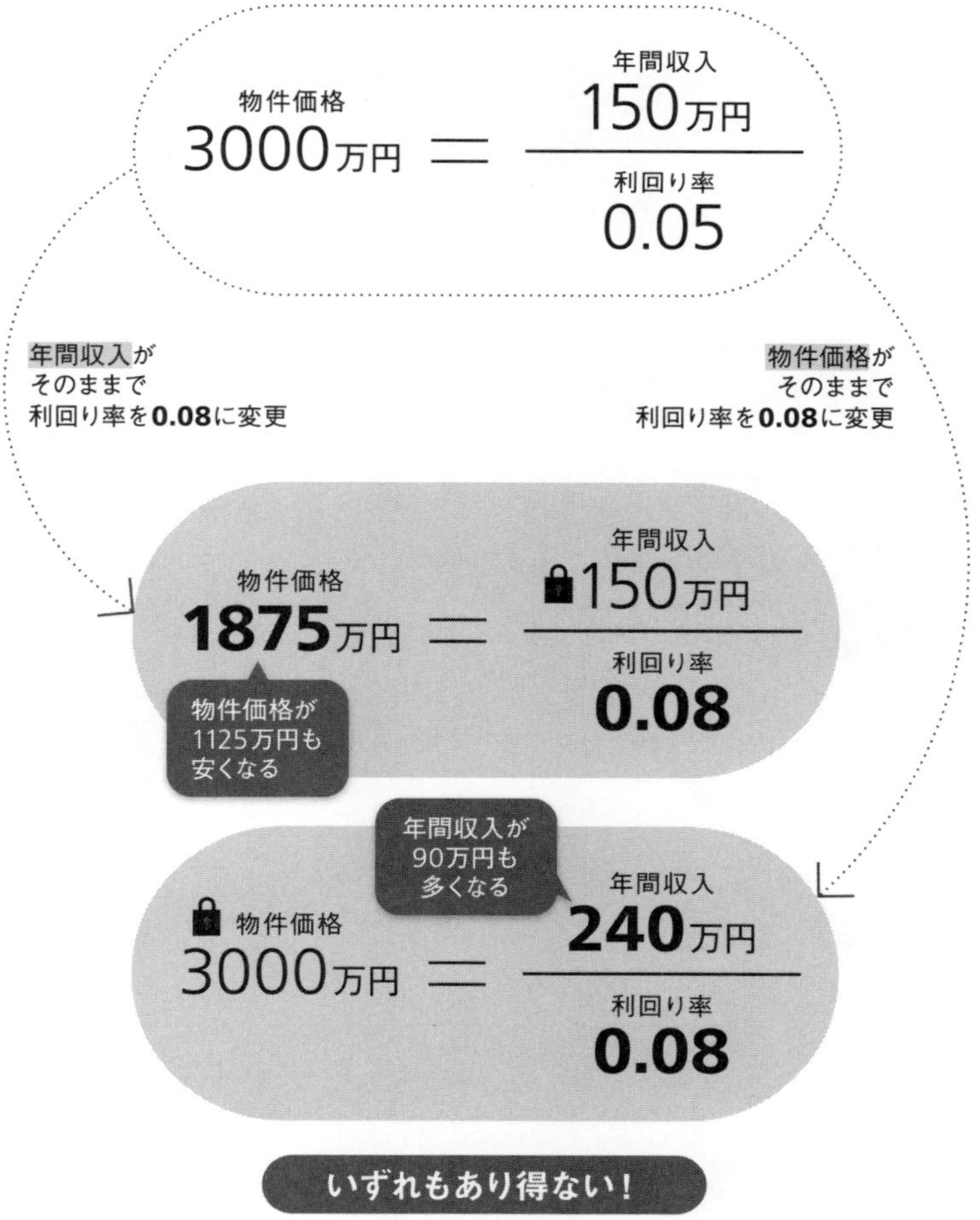

図23　リターン（利回り）とリスクの関係

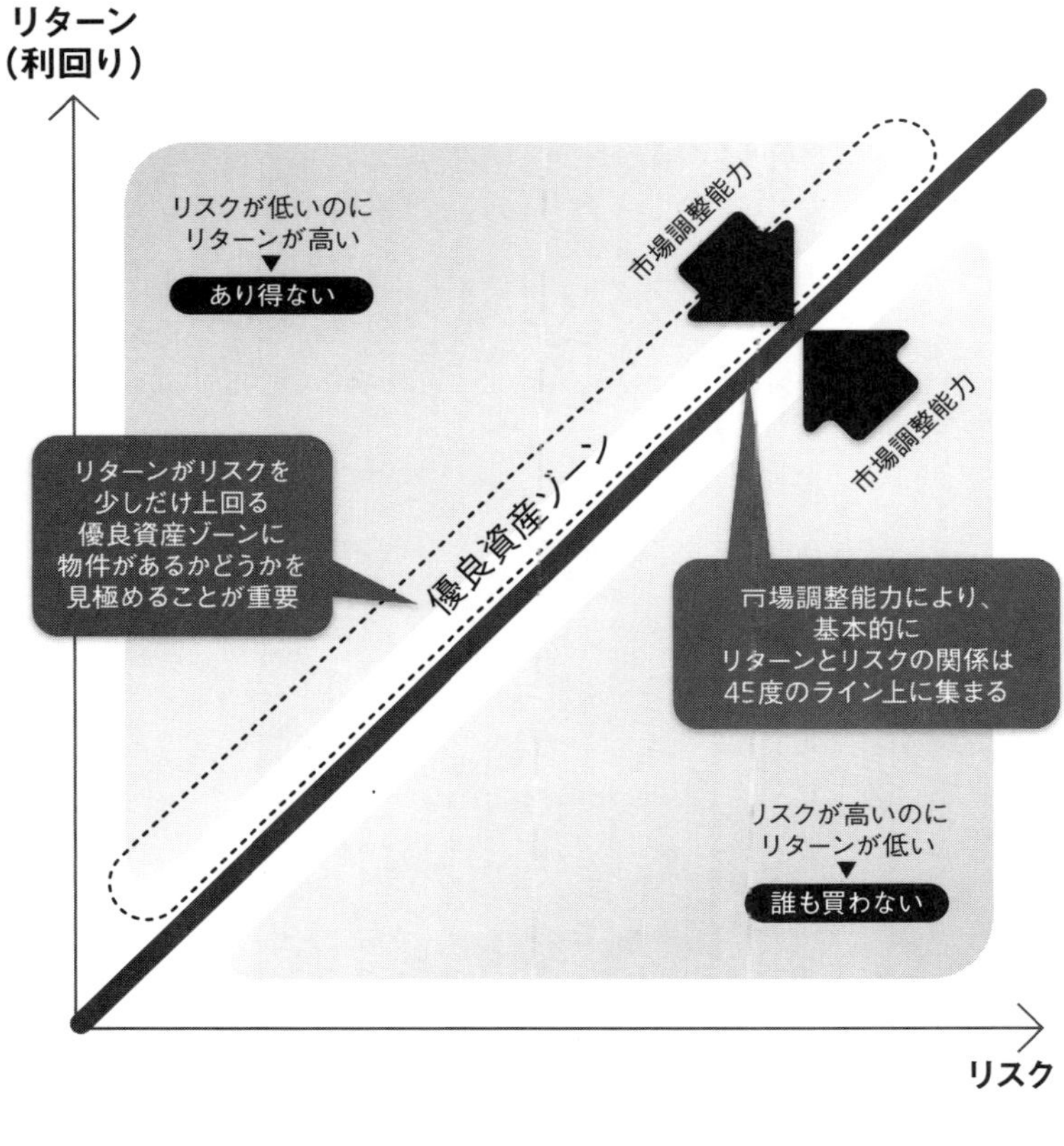

ことは、そこに何かしら資産価値を大きく損ねるような問題があると考えるべきです。これは不動産投資を始める際の基礎知識として知っておいてください。不動産業者によっては、客寄せのために現実的でない利回りを設定しているケースもありますので気をつけましょう。

利回りを考える際、必ずセットで考えるべき要素がリスクです。リターンとリスクの関係というのは、比例するように市場の調整能力が働き、45度のラインで示すことができます。利回りが高ければそれ相応のリスクが存在していると考えられますが、そのなかでも45度ラインの上、つまりリスクよりもリターンの方が少しだけ上回るような「優良資産ゾーン」は存在します（図23）。

それを見極めるために重要なのが、この章で紹介したフレームワークや経営戦略的な視点であり、85ページ図15、90ページ図17、93ページ図19に示したチェックポイントなのです。

不動産投資を始めようと考えている人は、必ず利回りについてもチェックすると思いますが、単純に数字だけを比較するのではなく、ぜひこのような経営戦略的視点で考えるようにしてください。

第3章のまとめ

不動産投資を
事業と捉え、
始めるべきか
どうかを冷静に
判断しましょう！

1 不動産投資は「自分株式会社」経営

不動産投資はひとつの事業です。その事業をいかにうまく運営していくかという考え方で不動産投資を捉えてみましょう。

2 経営戦略的な視点で考える

不動産投資を始めるかどうか検討する際、経営戦略的な視点を持っていれば、的確な判断を下しやすくなります。

3 高利回りだからといって優良物件とは限らない

極端に高い利回りはあり得ません。安定した不動産投資をスタートさせるために、利回りの本質を冷静に見極めましょう。

第4章

「わたし」が不動産投資をやらないのは……

同じ不安、悩みを持った仲間がどう行動したのか知らないから

事例を通して不動産投資を具体的に知る

ところで、実際に不動産投資で成功している人って、どんな人だかイメージできますか。

うーん……。不動産投資が決して特別なものではないというのはわかりましたが、そうはいっても、不動産投資で成功している人となると、どうしても運の強い人というか、頭の切れる人というか、〝選ばれし者〟みたいなイメージになってしまいますね。

選ばれし者ですか（笑）。たしかに、最初から不動産の知識をすべて把握し、戦略的に運用を行う人、いわば成功するべくして成功している方もいるにはいますが、そういう人ばかりではないんです。最初は不動産投資についてよく知らなくても、投資を始めてから知識を深め、それから自分なりの戦略を立てたという方もいらっしゃいます。

あまり知識のない状態で始めても大丈夫なものなんでしょうか。高額な買い物なの

で、どうしても構えてしまうのですが……。

もちろん知識はあるに越したことはありません。でも、私たち不動産会社は、長期にわたって資産価値を維持できるような物件をお勧めするのが役割なので、最初は任せていただいて大丈夫です。私たちもお客様に収益を上げていただかないと、ビジネスになりませんからね（笑）。

そう言われたらそうですよね。これはいいことを聞いた（笑）。

それと、実際に運用がうまくいくことで不動産への興味を深め、これが自分自身の事業なんだということに気づかれる方も多いんですよ。そうなれば、自然と知識もついていきます。不動産には育てていく喜びがあるとおっしゃるオーナーさんが少なくないのですが、そう思われるのはやはり結果がきちんと見えるからでしょうね。

なるほど、たしかに目に見える成果が出ればどんどん興味も湧きますよね。夏休みの宿題も、手をつけるまでは先延ばしにしているけど、どんどん片づいていって先が見えればはかどりますから（笑）。

たしかにそうですね（笑）。不動産投資に対して最初の一歩が踏み出せない人は、おそらく自分の考えや判断に自信が持てないからなんじゃないかと私は思うんですよ。「不動産投資って良さそうだけど、本当に不動産を選んじゃっていいのかな」みたいな。

金額を考えれば絶対に失敗はできませんしね。すでに不動産投資を始めて、実際に成果を上げているオーナーさんたちのことを、もう少し具体的に知りたくなりました。たとえば、最初に話を聞いてからどのくらいの期間で購入を決めたのか、とか、家族に対してどうやって説明したのか、とか、そういうことにも興味がありますね。こういう体験談が知りたいときって、インターネットで検索すると出てくるものなんでしょうか。

不動産投資の体験談は、インターネットでも検索すれば出てきますが、もし良かったら、運用実績のあるオーナーさんたちの話を聞いてみませんか。実際に成功されているオーナーさんの事例を聞けば、不動産投資がどのようなものなのか、かなり明確にイメージできるようになると思います。

それはぜひお願いしたいですね。単に方法論やノウハウだけでなく、その人がどんな考えの持ち主で、どんな家族構成で、どのような理由で不動産投資に行き着いたのか、性格や人柄も含めて知ることができたら、自分と比べながら判断する材料にできると思います。

わかりました。４名の方の事例を紹介しますが、不動産投資についてまったく知識のないところから始められた方もいて、皆さん、それぞれ自分にふさわしい方法を模索しながら投資をされているので、きっと参考になると思いますよ。

成功事例　CASE1

一歩を踏み出すことで将来への安心が得られ、人生の次のステージを考えられるようになりました。

Profile

白水 敬さん

しらみず・たかしさん（43歳）自動車関連の日本メーカーで勤務したあと、2008年にドイツ系自動車関連企業の日本駐在員に転職。不動産投資は、2010年と2012年に川崎と東京に区分マンションを1室ずつ、2014年に札幌のマンションを1棟取得。家族は妻と息子2人。

現状の年収には満足しながら、将来に漠然とした不安

ドイツ系自動車関連企業の日本駐在員に転職して8年目になります。外資系なので、やったことにはしっかりと報酬を払ってくれていますし、年収には十分に満足しています。ただ、契約が2年ごとで終身雇用ではありませんし、退職金制度もないため、以前から漠然とした不安は抱いていました。自分の身に万が一のことがあったら家族はどうなるのだろうか。あるいは、仕事を失ってしまったら、暮らしはどうなるのだろうか。日々の仕事に追われながらも、そんなことを気にしていたのです。

株式投資やFXについても考えてみなかったわけではありませんが、仕事が忙しく時間的な余裕がなかったことと、性格的に自分には合わないと考えたことで、結局は預貯金のみのままで、どうしたらいいのだろうかと考えるだけの日々が続いていた記憶があります。

私が不動産投資に出合ったのはそんなある日のことです。といっても、私が自発的に調べたわけではなく、たまたま転職前に働いていた会社の先輩と不動産投資について話す機会があったのです。私自身は不動産投資に対して、どうしてもバブル後に価格が暴落した悪いイメージがあり、懐疑的でしたが、先輩の話は、私が抱いていた不動産投資のイメージとは少し違うものでした。

その先輩とは、定期的に飲みに行ったり、いろんなことを相談したりできる仲ということもあり、私は遠慮なく本音の疑問をぶつけてみました。

そのときに主に聞いたのは、「入居者がいなくて家賃収入がないリスクもあるのでは？」「ローンはそんなに簡単に組めないのでは？」「管理に手間がかかるのでは？」といった点です。けれども、先輩の答えは明快でした。入居者は途切れず、ローンもすんなり通り、管理負担もほとんどない――。

その先輩は性格的にとても堅実で、怪しい話を人に勧めるようなことはまずしない人です。話を聞くうちに、これこそ自分の「何かやらなきゃ」という不安を埋めてくれるものなのではないかと興味が湧いてきました。そこで、先輩が契約を結んだ不動産会社、プロパティエージェントの営業担当者を紹介してもらうことになりました。

面談を通じて不動産投資へのハードルがなくなった

興味が湧いたとはいっても、不動産投資に対する心のハードルは当然あります。不動産会社の方と初めて会うときには、あらかじめ専門書籍やインターネットで下調べをし、〝理論武装〟をしていきました。

先輩と話したときと同様、疑問に思うことを質問しましたが、私が抱いていた将来への不安に対して、うわべを繕うのではなくきちんと回答してくれますし、物件の提案も親身だと感じました。単に不動産を売るという態度ではなく、私のライフプランの相談に乗ってくれているような感覚だったように思います。不動産投資に限らず、大きな買い物をするときに担当者の人柄は重要ですが、私を担当してくれた営業さんの対応は、私にとってはかなり好感が持てました。

面談は1回だけではなく、2回目、3回目と続き、最初の面談から1カ月ほどたったときに、「まずは1件契約してみよう」と決意するに至りました。その頃には、不動産投資に対する疑問、あるいは誤解に対して自分のなかできちんと納得がいき、「これならやれる」という前向きな気持ちが芽生えていたと思います。

紹介された物件自体もいいものでした。エリアは川崎市ですが、羽田空港へのアクセスが良く、すでに大手航空会社が社宅として借り上げていたため、当面の空き室リスクもありません。実際に現地に下見にも行き、最寄り駅からの距離などの立地も確認し、これなら間違いないだろうと判断しました。２０１０年のことです。

予期せぬアクシデントも資産価値の高さでカバー

先輩が話していた通り、ローンや契約の手続きはスムーズに進み、特別に手間がかかるといったことはありませんでした。また、物件の管理や入居者とのやり取りなども、不動産会社が代行してくれるので、普段は自分が不動産投資をしているということを忘れているほどです。

入居者が入れ替わるときにリフォームの費用がかかるというのは事前の下調べで知っていましたが、このマンションはまだ新しく、そもそも直す部分が少ないので、思ったほどではないというのも意外に思った点です。

ただ、この物件ではアクシデントもありました。隣の古いアパートが火事で全焼したのです。直接の被害はありませんでしたが、エリアとしてのイメージが悪くなったせいか、社宅として借り上げていた航空会社が引き揚げるという事態になってしまいました。

いちばん恐れていた空き室リスクが現実のものになってしまったわけですが、不動産会社の努力のおかげもあってすぐに次の入居者が決まり、空き室の状態は2カ月で解消されました。そのときに感じたのは、物件の資産価値の重要さです。交通の便もよく、駅から近い物件だったからこそ、すぐに入居者が見つかったわけで、あらためて物件の良さを実感しました。

また、どんなに順調に見えても、思わぬリスクはあるということを知ることができた点も、結果としてはいい経験になったと思います。

1件目の成功を足がかりに2件目、3件目の投資へ

1件目を所有してから2年後の2012年、私は2件目の物件への投資を決めました。1件目はアクシデントこそあったものの、それ以外はすべてが順調でしたし、その間、私自身も不動産投資の勉強をしてきたため、2件目の投資にはかなり積極的だったといえます。

不動産会社の担当者さんとは、最初の物件を購入したあとも交流が続いていて、橋

渡しをしてくれた先輩も交えて飲みに行くこともあります。そうしたなかで、今度は東京都大田区のマンションを紹介してもらい、1室を区分所有することになりました。最初に所有した川崎の物件同様、こちらもスムーズに決まり、順調に運営できています。

また、さらにその2年後の2014年には、別の不動産会社を通して札幌のマンションの1棟所有も果たしました。自分なりに周辺環境なども調べ、繁華街に近いということで購入を決めましたが、同じ投資とはいっても、1棟買いは投資額も大きく、中古ということもあって、それまでの2件とは状況が異なっています。

繁華街が近いという目論見は当たって、入居率自体は悪くない数字で推移していますが、いざ所有してみると、想定外の問題もありました。表面的な利回りは悪くなかったのですが、古い物件だけに入退室の回転が速く、その分リフォームなどの費用がかさみ、この点は勉強不足だったと認めざるを得ません。とはいえ、幸いにも先に所有した2件がかなり順調なので、3件トータルでの投資バランスは取れていると感じています。

現時点では、これ以上の不動産を所有する必要はないと判断しています。この3物件を今後も保有してインカムゲインを獲得し続けるのか、それとも売却してキャピタルゲインを得るかという点についてはまだ具体的な方針を立てていませんが、これについては、経済環境などを見据えながら、そのときどきに考えていくということになると思います。

ただ、自分のなかで将来の不安を解消する対策を取ることができたという点はとても大きく、株のような〝紙くず〟にならない資産を得られたということには安心感を覚えています。

一歩踏み出すことで安心への先行投資であることを実感

不動産を取得する際には、妻には相談していますが、もともと妻は堅実なタイプなので、以前の私同様、最初は不動産投資に対して懐疑的でした。危ない橋を渡るくらいなら預貯金で十分ではないかというのが、妻が当時抱いていた考えです。

私としては、自分に何かあったときでも家族がいまの暮らしを続けていけるようにという明確な目的のために不動産投資を選択したので、その点を妻によく説明し、最終的には理解してもらえました。

今後の生涯設計としては、早期退職して米国に移住し、何か自分なりのビジネスを立ち上げたいという夢を持っています。不動産投資によって、将来の収入のめどが立ったので、子どもがやりたいことを金銭的にサポートすることもできます。こうしたことは、以前の漠然とした不安を抱えていた頃には予想もできなかったことです。人生にいろんな可能性が生まれたという点で、私にとって不動産投資の意義は大きかったと感じています。

私が不動産投資を始めていちばん強く感じたのは、最初の一歩を踏み出すことの重要性です。何か新しいことを始める際には、多かれ少なかれ誰しも不安を覚えるものです。ましてや不動産投資というのは、1000万円単位のお金を動かすのですから当然でしょう。

しかし、自分で納得がいくまで検討することで、この点はクリアできました。株式投資やFXと比べてもリスクが少ないのはすぐに理解できましたし、自分が抱いていた不安を解消するためのツールとして、不動産投資がピタリとはまってくれたという印象です。

私自身、始めるまでは不動産投資など別世界のことだと思っていましたが、いざ始めてみると管理や手続きに煩わされるようなこともありませんし、いまでは人生の次のステージに進むことができたという実感でいっぱいです。

成功事例　CASE2

不動産投資を機に資産のポートフォリオを見直したことで人生の選択肢や可能性が広がりました。

Profile

遠藤 忠通さん

えんどう・ただみちさん（32歳）
IT系メーカーに営業職として11年勤務。不動産投資は、２００９年に同一棟の２室を同時購入。家族は妻と娘１人。

不動産投資を知るにつれてイメージが変わった

私が不動産投資を始めたのは、結婚する前年の26歳のときでした。たまたまプロパティエージェントの営業さんと知り合ったことがきっかけです。

当時の私は、ちょうど保険の見直しを考えていた時期で、外資系生命保険会社から見直しの提案を受けたり、自分自身も投資や資産形成に関心を持ち始め、何か自分に向く投資はないかと考えたりしていました。以前なら、投資に関する何らかのアプローチがあっても「間に合っています」で済ますところですが、たまたまそういう時期だったこともあり、「話を聞いてみようかな」という気持ちになったのを覚えています。いま考えると、タイミングが良かったのかもしれません。

不動産会社の人と会うのは初めてのことでしたが、最初から不動産投資を始めようなどと考えていたわけではもちろんありません。何かしらの有益な情報が得られるかもしれないという期待もありましたが、どちらかといえば「どんなものだろう」という興味本位でした。

当時の私は、不動産投資といえば大金持ちが大きな建物を1棟ごと購入するというイメージしかありませんでしたが、説明を聞くとそうではない。たとえば、ワンルームマンションを1室購入し、その部屋を貸すことで得られる家賃収入でローンを返済していくとのことで、そんなやり方があるのかと、自分のなかで不動産投資のイメージが変わったのを覚えています。

物件の良さ、担当者の人柄、不動産会社の信用が決め手

最終的に物件の購入を決定するまで、最初の面談から1カ月もかからなかったのですが、いま考えてみると、決め手は3つあったと思います。まずは物件の良さ、次に担当者の人柄、そして不動産会社の信用です。

物件の良さについては、実際に自分の目で確かめに行きました。不動産会社から提案された物件は、世田谷区の単身者向け賃貸マンションでしたが、交通アクセスの良好な立地で、若者世代に人気のエリアでもあり、さらにセキュリティもしっかりしているので、女性にも安心して入居してもらえそうだと感じました。

さらに、周辺にある築20年の物件の家賃相場も調べてみたところ、予想よりも高い水準であることがわかりました。私が購入を検討していた物件は新築なので、20年後に家賃が下落するリスクはかなり低く、これなら長期保有しても問題ないだろうと思えたことで、気持ちが大きく購入に傾きました。

担当者の人柄については、とにかくこちらの疑問に丁寧に答えてくれたのが好印象でした。たとえば、空き室リスクについては、そもそも空き室が出ないようにエリアを絞って不動産開発をしているとか、万一空き室になった場合には家賃保証ができるリスクヘッジの仕組みがあるなど、具体的な事実に基づいた明確な回答があり、それら一つひとつが納得のいくものだったことを覚えています。

不動産物件を購入するというのは、今後何十年にもわたってお付き合いをするということですから、担当者との相性も大事です。たまたま世代も近く、本音で相談できるビジネスパートナーだと感じたことも、私にとっては投資を決断する大きな要素だったと思います。

不動産会社の信用面については、最初の面談のあと、業績をチェックしてみたのですが、7期連続で売り上げを伸ばしているとのことで、これなら本気で検討してもいいかなと思えるようになりました。

リスクは取るものという意識で2室を同時購入

実は、ここで大きな決断をする場面が訪れました。私は、とりあえず区分所有で1室だけを購入するつもりだったのですが、それを担当者に伝えると、「もう1室購入しませんか?」と提案されたのです。

2室を購入するということは、当然ながら借入額もローンも倍になります。ちょうどそのころ、結婚を考えていたこともあり、迷ったことは迷ったのですが、自分自身がまだ若いですし、リスクは取るものだという意識が芽生えていた時期でもあり、思い切って購入することにしました。

若さに任せて勢いで買ってしまった面も多少はあるのですが、自分なりの勝算もなかったわけではありません。というのも、不動産投資のメリットを理解するにつれ、いずれもう1室買うことになるのではないかという思いが大きくなり、どうせ購入するのであれば、2室を同時に購入したほうがローンを組む際にも手間がいちどで済んで都合がいいと考えたのです。

この物件は立地の良好さなどから、いったん入居すると賃貸期間が比較的長くなるだろうという予測はつきました。そんな物件であれば、空き室になっている期間も短く済みますし、リフォームの負担も少ないと思ったのです。そして、実際にこの予測は当たり、順調に運営できています。

いちど、入居者から家賃引き下げの申し入れがあったのですが、管理会社がうまく対応してくれたおかげで、据え置きのままで収まりました。私自身は不動産賃貸のプロではないので、入居者との交渉をどのように進めたらいいのかわかりません。こんなときに、不動産会社が専門的な観点で対応してくれるというのは、ビジネスパートナーとしてありがたい存在だとあらためて感じました。

不動産を所有したことでポートフォリオの見直しを実現

私にとって、不動産投資を始めたことによる最大の恩恵は、自分の資産に対する意識が高まり、ポートフォリオの見直しを実現できたことです。

私はもともと投資自体にさほど関心があったわけではなく、それなりに安定した大手企業に勤めていながら、自社株すら持っていません。また、保険についても、保険会社から言われるままに高額の積立型養老保険料を支払っていました。積み立てだったので損になるということはないのですが、毎月の支払額が大きく、明らかにバランスを欠いていたと思います。

ところが、不動産を持つことで、将来の経済的な見通しが立ち、あらためて資産バランスを見直そうという気持ちになったのです。たとえば、養老保険については、不動産収入が期待できるようになったので厚くしておく必要はない、それなら保障重視にして少額の掛け捨てタイプでも十分だろう、といった具合です。

私が結婚したのは不動産投資を始めた翌年です。すぐに子どもが生まれ、これからの人生や資産運用について妻と話し合う機会がありました。そういう意味では、ポートフォリオを見直すにはちょうどいい時期だったといえるかもしれません。

そんな大幅な見直しに踏み切れたのも、すでに不動産投資を組み込んだ資産ポートフォリオを築けていたからこそです。いきなり2室を購入したのは、いまから考えると慎重さに欠けていたとは思いますが、いまのところその判断は正しかったのかなと思える状況になっています。

最近、付き合いのない不動産会社から「あなたの物件を売りませんか？」という連絡を受けることがあります。もちろん売るつもりはありませんが、こういう連絡があるということは、自分の物件の価値の高さが評価されているということなので、これからも大事に保有していこうという気持ちになります。

人生のステージに合わせて生かせる不動産

いま振り返ると、不動産投資は私にとって非常に向いている投資方法だと強く思います。私は営業職なので、目標を立て、戦略と戦術を駆使して結果を出していくことには慣れています。不動産投資もこれによく似ていて、自分のライフプランに合わせてしっかりとゴールを設定し、戦略的に運用していくことで、将来の安心を得ることができます。

また、営業が状況の変化に対応していくのと同様、人生の各ステージで不動産をどう生かすかも変化していきます。私自身、不動産投資を始めたのは独身時代ですから、当時は自分のための投資でしたが、結婚して子どもが生まれたことで、不動産投資の持つ意味が大きく変化してきました。

これは簡単にいうと、購入当時に比べて、目的や活用の選択肢が広がったということです。たとえば、娘が成長して都心の大学に入学したら、2室のうちの1室に住まわせることもできますし、私に万一のことがあったら妻が使うということも考えられる。まとまったお金が必要な状況になったら売却して現金化するということもあり得るでしょう。

もちろん実際にそうなるとしてもだいぶ先の話ではありますが、不動産投資を始めたことで人生のかなり先まで見通すことができ、しかもさまざまな状況に対応できる備えができたということは、大きな安心につながっています。

人生はどう転ぶかわかりませんし、そのときに備えがなければ、自分の希望する人生をあきらめなければいけなくなる可能性すらあります。私は結果的にその可能性を少しでも減らせていることを実感できていますし、早い段階で不動産投資を始めて良かったと思います。

私は、たまたま資産形成について関心が高まっているときに、信頼できる不動産会社と出会う機会に恵まれましたが、なるべく多くの不動産会社の話を聞くのも有効な手段です。不動産投資を始めるというのは人生の大きな決断なので、納得するまで検討することをお勧めします。

成功事例　CASE3

大きな夢を実現するための備えとして不動産投資は自分の人生のセーフティネットだと考えています。

Profile

三浦 洋平さん

みうら・ようへいさん（26歳）
2012年に大手自動車メーカーに就職、2014年には大手人材コンサルティング企業に転職し、現在は独立に向けて準備中。2016年に区分マンションを2室購入。独身。

同世代の同僚の話を聞き、驚きとともに興味が湧いた

不動産投資を始めたきっかけは、2014年に大手自動車メーカーから大手人材コンサルティング企業に転職したことです。その会社には不動産投資をしている人が何人かいて、資産形成の手段のひとつとして、不動産投資という方法があることを初めて意識しました。

私が最初に就職した自動車メーカーでは、上司も含めてこうした話が出たことはありませんでしたが、転職した人材コンサルティング企業は、給与が高い半面、福利厚

生や終身雇用の面で不安があり、将来に備えた投資に積極的な人が多かったようです。たとえば、私と同世代のある同僚は、まず物件を購入し、インカムゲインで月に数万円の利益を手にし、さらに所得税の節税も含めると、年間で60万円ほどの収入を得ているとのことでした。また、それなりの価格がつけば、売却してキャピタルゲインを得るつもりだとも話していました。

当時の私には、不動産投資などというものはもっと高齢の大金持ちがやるものというイメージがあり、20代で始められるものだという意識がまったくなかったので、自分と同世代の同僚の話を耳にして、かなり驚いた記憶があります。

そして、自分も不動産投資を考えてみようという気持ちになりつつあったときに、たまたまプロパティエージェントの営業さんと出会う機会があったのです。

初めて自分の人生のセーフティネットを意識

当時の私は、不動産投資についてほとんど何も知りませんでした。とはいえ、空き室になるというリスクがあることは知っていましたし、バブル崩壊のときに不動産価格が暴落したことも知識としてはありました。いくら同僚がうまくいっているからといって、頭からうのみにするのは危険だなというのが、当時の感触です。

そのため、初めてのアプローチのとき、実はそれほど乗り気ではなかったのですが、たまたま私が所属する会社と取引があり、しっかりした会社だということはわかっていたので、話を聞くだけならタダだと思い、面会してみることにしました。

会ってみると、担当者は入社間もない若者で、上司の方も同席したとはいえ、本当に不動産のことを知っているのか、少し不安になったのを覚えています。

不動産投資についての話をするのですから、不動産会社の人は営業トークをするのだろうと思っていたのですが、その予想は間違っていました。上司の方は、不動産の話を持ち出すわけでもなく、世間話をするような雰囲気で、「三浦さんは、これからの人生をどのように思い描いていらっしゃいますか?」と質問してきたのです。

プライベートについては、何か明確な予定や目標があるわけではなく、いずれ結婚して家庭を持つことにはなるだろうという程度だったのですが、仕事では起業したいという気持ちがあったため、そのことを伝えました。

私の起業ビジョンに対して返ってきた言葉は、「三浦さんのチャレンジを支えるようなセーフティネットは何でしょう?」というものです。起業するということは、会社の信用という後ろ盾がなくなることを意味します。いざというときに頼りになるのは自分なのですから、その「セーフティネット」という言葉は、起業を考えている私にとってグサッと刺さるものでした。

この面談で、もうひとつ印象に残っているのは、彼らも私に対して、自分の人生について語ってくれたことです。家族の話や仕事の話を語り合ううちに、初めの警戒感は薄れていき、若い担当者に対しても、「若いのにいろんなことをしっかり考えているんだな」と感じました。最初から不動産物件を勧められていたら、おそらく警戒心はより強くなったと思いますが、人と人の関係性のなかで話を深めていくというプロセスが、当時の私の考えにマッチしたのだと思います。

また、自分のライフプランに対して、セーフティネットという的確な助言をくれたことも信頼につながりました。要するに、その面談は、私の人生設計を整理してもらう場になったわけです。

1年の時間をかけ、十分に納得してから購入

結果的に、私は区分所有で2室を購入したのですが、面談後すぐに購入したわけではありません。最初の面談から購入までには1年をかけてじっくりと検討しました。

私がまずしたのは、別の不動産会社の話を聞くことです。最初の面談で相性の良さは感じていたものの、大きな買い物ですから、しっかり比べてより良いパートナーを探したいという気持ちがありました。そのときに感じたのが、対応力の違いです。

私は仕事が忙しいので、電話を取れる時間帯が限られています。最初の不動産会社にも、あとから比較対象として話を聞いた不動産会社にもこのことを伝えたのですが、2社目の不動産会社はその時間帯を守ってくれませんでした。これは、お互いの信頼に関わることで、物件を見る以前の問題です。

また、物件の勧め方にも違いがありました。私のライフプランに耳を傾けてくれた1社目とは違い、2社目の不動産会社は、売り急いでいる物件があったようで、私が納得しないうちから物件の話ばかりしていました。

不動産投資というのは、売ったり買ったりして終わりではなく、それから何十年という付き合いになるので、そこで信頼関係を築けないと、パートナーとして付き合うのは難しいと思います。結局、2社目の不動産会社は断ることにしました。

次に私がしたのは、物件についての調査と検討です。東京の人口動態、物件エリア内での競合物件との比較、入居率など、本当に資産価値があるのかどうかを調べ上げました。私自身も勉強しましたし、若い担当者もがんばってくれました。

あとから聞いたのですが、最初の面談に一緒に来ていた上司の方は、私は購入に至らないと思っていたそうです。たしかに私はさぞかし厄介な客だったと思います。けれども、その若い担当者はあきらめずに資料の提供などに応じ続けてくれました。私のなかで、彼への信頼がどんどん深まったことはいうまでもありません。

もちろん、物件は直接見に行きました。実際に物件の良さや周辺環境などを確認し、一人暮らしの方が満足して居住できることを確信したうえで決断しました。

最初に1室を購入したうえで、あらためて自分のライフプランを見直し、老後も含めたセーフティネットを確保するにはどのくらいの投資が必要なのかを考えてみました。結論としては、1室では足りないという考えに至り、最初の物件購入の2カ月後にもう1室を購入しました。

所有した2室をもとに今後のポートフォリオを考える

私は、短期売買による利益ではなく、長期的に運用する投資対象として購入したので、たとえば自分用の車を購入するときのような浮き浮きとした気分はありません。けれども、所有証明書を見たときには、「これが私のセーフティネットになるんだな」ということは強く実感しました。

26歳という年齢で始めたので、おそらく60歳までにはローン完済しているはずですが、今後、資産ポートフォリオを考える機会は何度もあると思っています。株式投資やFXには怖さを感じますが、不動産については購入を機に関心が高まり、新聞や雑誌の関連記事に目を通す習慣がついたので、おそらく不動産の買い増しは、今後の私のポートフォリオの有力な選択肢になるのではないかと思っています。

私が不動産投資に可能性を感じるのは、まさにセーフティネットとして人生の担保になるという点です。私は、金銭的にはあまり余裕のない家に育ったので、お金の大切さについてはよくわかっているつもりです。これまでの人生でも、お金の呪縛のようなものを感じたことが何度かありました。経済的に余裕があれば、気持ちも安定しますし、自分がやりたいこともやれる。そういう考えがあるからこそ、自然と不労所得で安定的な収入を得ることが重要なのだという認識になったのでしょう。

実は、私には夢があります。それは大学編入予備校の設立と経営です。私自身、大学編入の経験があり、その役割の大きさを体験しているだけに、社会参加のひとつの手段として大学編入が社会に定着してほしいという思いがあるからです。

ただ、こうした事業はなかなか儲からないので、別の安定収入の道が必要だとも考えていました。不動産投資は、この夢を実現させるためにも自分にとって重要な意味を持つと思います。

いまでは不動産会社の担当者がライフプランナー

先にも述べた通り、私は不動産物件を購入するまで1年という時間をかけて慎重に判断しました。購入してからはまだ半年ですが、この間、購入時にはんこを押す回数が多いと感じた以外は、手続きや管理の面でほとんど手間はありません。

また、私は以前、愛知県に住んでいたこともあって、住民票を東京に移していなかったのですが、仕事に追われている私の代わりに住民票を取り寄せるなどの手続きもしてくれました。不動産を取得したということで確定申告をする必要がありますが、これもサポートしてくれるとのことです。

私のしつこい物件チェックに、嫌な顔ひとつせずに付き合ってくれ、その後の手続きや管理でも力を貸してくれる――。本当に良い不動産会社に巡り合えたと実感しています。最初は頼りないと思った若い担当者も、いまでは私のライフプランナー、共同事業者として頼れる存在に成長しています。

投資というのは、それぞれの人生設計の問題なので、不動産投資をやるかどうかという是非論のようなことは重要ではありません。しかし、勝手に描いたイメージで何となくやらないというのではなく、きちんと知識を得て、メリットとデメリットを把握したほうがいいのではないでしょうか。長期的なライフプランのなかで資産を考えるなら、不動産投資は個人的にお勧めできる投資方法だと思います。

成功事例 **CASE4**

戦略に基づいた不動産投資でライフプランがリアルなものになりました。

Profile

大田 浩充さん

おおた・ひろみつさん（41歳）
大手信託銀行での国内外勤務、外資系企業での人事部門勤務後、英ロンドン大学経営大学院（London Business School）でＭＢＡ取得。現在は外資系のラグジュアリーブランドで人事を担当。

充実しつつも将来に漠然とした不安を抱えていた

私が不動産投資と出合ったのは2年ほど前、プロパティエージェントの営業さんと知り合う機会があったのがきっかけです。不動産投資にとくに興味があったわけではないのですが、その日はたまたま時間にゆとりがあったので、勉強のつもりで不動産についての話を聞いてみました。

といっても、単に時間があったから耳を傾けたわけではありません。当時の私は、自分の将来の生活について、漠然とした不安を抱いていました。30代になってから英国の大学院に留学し、卒業後は日本で外資系企業の人事担当の職に就きました。生活に困ることはないものの、経済的な前提が崩れたときにどうなるのかという思いが常に頭の片隅にあったのです。

こうした不安は、外資系ならではの部分もあります。終身雇用ではないので転職がほぼ前提の世界ですし、実際、自分の周囲を見回しても、定年まで勤め上げた例はめったにありません。10年後、20年後を考えたときに、何らかの対策を講じる必要性は確信レベルで感じるものの、これといったアイデアがあるわけでもなく、どうしたものだろう――。それが、当時の私の率直な気持ちでした。

私は20代の頃に金融機関に勤めていたので、投資の手順や経済指標の見方は理解していましたが、逆にいえば投資で満足のいく結果を残すことの難しさもわきまえていました。そのため、株やFXに手を伸ばしたことはほとんどありません。預貯金以外の資産管理は、せいぜい債券や投資信託を少しする程度でした。

不動産投資についてもその存在はもちろん知っていましたが、数ある投資対象のひとつでしかなく、少なくとも有力な候補ではありませんでした。

最初の面談で3つのハードルのうちの2つをクリア

初めての面談のときに感じたのは、「この会社は単純に物件を売りに来ているのではなく、自社が提供できるものと顧客のニーズがマッチするかどうか、をしっかり見極めようとしている」というものでした。言葉のキャッチボールを進めるなかで、自分が取れるリスクと欲しいリターン、そしてその観点からの不動産投資の特質が見えてきました。感覚としては「発見」に近かったです。

営業の方は決して意見を押しつけることはなく、私の矢継ぎ早の質問に丁寧に答えてくれました。

単刀直入で遠慮のない私の質問に対して、よどみなく具体的かつ論理的に答えてくれた不動産会社の担当者さんを見て、「これならしっかりとビジネスの話ができる相手だな」という印象を抱いたことを覚えています。

実は、どんな投資を始めればいいのか悩んでいた時期に、知人から太陽光発電に投資しないかという誘いを受けたことがあります。当時は、2011年の東日本大震災の影響もあって、再生エネルギーに注目が集まっていた時期でしたが、原油価格の下落や太陽光発電以外の代替エネルギーの開発によるリスクが大きいと考え、投資をしないという判断をしました。

一方、居住用の不動産は人がいる限り、需要がなくなることはありません。プロパティエージェントさんとの面談では、インカムゲインで回していく具体的な仕組みや、実例に基づく都市部の不動産価値の変動、世帯構成の超長期的な推移の観点からの間取り需給バランスなどを勉強しました。いうまでもありませんが、不動産を動産が代替することは想定しづらく、良い物件を選べばリスクのぶれは比較的小さいという考えに至りました。

私が面談時に意識していたのは、①不動産投資が自分の投資戦略にマッチするかどうか、②パートナーとして一緒にやっていける不動産会社かどうか、③物件そのものが魅力的かどうか、の3つです。③の物件については現地を見ないと判断できませんが、少なくとも①と②については、最初の面談でハードルをクリアしてくれたわけです。

不動産投資というのは、高額の借り入れが伴いますので、当然、比較検討は必要です。プロパティエージェントさんとの最初の面談で、投資戦略とビジネスパートナーの2点については納得したとはいえ、せっかくの機会なので他社からも話を聞いてみました。しかしながら、知識、スキル、市場理解、すべてにおいて私を満足させてくれるところは他にありませんでした。

テーマ別に複数の物件を購入

最初の面談から不動産投資を始めようと決めるまでは1カ月程度だったと記憶しています。それから、先ほど挙げた3つの条件の③である物件を吟味し、2014年中に4室、翌2015年に1室を購入しました。

もちろん物件についても他社と比較しましたが、立地、品質、コストのバランスが良く、納得のいくものでした。プロパティエージェントは、「スコアリング」と「モデリング」という独自の手法を用い、かなり絞り込んだうえで物件開発をされているという説明も受けました。それがエリア選定や仕様決定にうまく機能しているんだなという印象です。

これだけ早い段階で複数の物件を保有するケースはそう多くはないとは思いますが、私がそれぞれの物件購入を決断したのは、当初からの投資戦略に基づいてのことです。

その戦略の基本となったのは、「将来的なキャッシュフローがいくら必要か」ということと、「いまの自分はどのくらい借り入れが可能なのか」ということのバランスです。借り入れには与信枠があるので、そこを逸脱するような投資は現実的ではありません。また、金利を上げれば与信枠は広げられますが、当然キャッシュフローが悪化します。そのバランスを不動産会社の担当者とも相談し、その範囲で購入できる物件数を絞り込んでいます。つまり、最初から購入する物件数を決めていたのではなく、まずは自分の与信枠で余裕を持って借り入れられる金額を把握し、それに合わせて購入した結果が、この保有物件数になったということです。

私が購入した物件は、住宅地もあれば商業地区もあり、人気の街もあればニッチなエリアもあります。こうした物件選択は、リスクヘッジを考えてのものであり、一般的な金融資産への分散投資と同じ原理です。物件の周辺環境は変化していきますから、中長期的にどこにどのような需要が出てくるのか読み切れない部分がありますし、逆に人気のあるエリアが敬遠されるようになってしまう可能性も否定できません。とはいえ、行政による都市開発計画や建築規制などを具体的に見ていけば、投資判断に必要な情報はけっこう集まります。為替や長期金利変動による外国資本の流入など、相場を大きく動かす要素はありますが、不完全市場（Imperfect Market）における投資対象として、プロパティエージェントが提案する不動産は比較的「見える」要素が多い選択肢と考えました。

それからもう一点、私はこれまでの人生で決断力が鍛えられてきたという感覚があります。その多くは、過去の自分の失敗から学んだ教訓や海外での勤務、さらには大学院での経験から得られたものが大きかったと思います。

私が留学したロンドン・ビジネス・スクールには、優れたリーダー、経営者を育成するという理念の下、世界中から多種多様なバックグラウンドを持つ人材が集まります。そこで過ごした貴重な時間を通して、物事の考え方や考える際の仕分け方、優先順位のつけ方、リスクの見抜き方、限界の見極め、といった能力が身についたと思います。それらが結果として決断力を鍛えてくれました。プロパティエージェントさんとの面談のなかでも必ずクリアな意図がある質問をしましたし、それに応えてくれたからこそ、不動産投資に踏み切る決断、複数保有という決断もできたのだと思っています。

何でも相談できるビジネスパートナーとして頼れる存在

実際に物件を保有してみた印象は、事前の予想通りです。管理の手間がかからないことや、諸税がかかることも事前にわかっていましたので、予想外のことはありませんでした。納税通知が来て初めて、不動産を保有しているのを思い出すくらいなので、むしろ予想以上に楽だったともいえます。これは、ワンストップ・サービスを提供している不動産会社ならではのアドバンテージなのでしょう。

いちばん怖いのはやはり空室のリスクですが、私の場合はここまでの2年間、5室トータルで入居者の入れ替わりは1回、空いた期間はわずか1カ月だけです。家賃の

1割を支払うことで家賃収入が保証されるシステムもありますが、その必要もないほど入居率は安定しています。

不動産投資の理想的なかたちを私なりに考えてみると、オーナーと不動産会社が一緒に利益を上げることではないかと思います。購入後も協業が続きますので、売って終わりということにはなりません。不動産会社側も家賃収入のなかから管理費を得るわけですから、いわばインセンティブとして物件管理に力を入れてくれるはずですし、実際にそうなっています。

不動産会社の担当者には、繰り上げ返済の相談もしました。私は自宅のローンもあるので、繰り上げ返済を自宅と投資物件のどちらを優先するかは迷うところです。担当者さんとの話し合いで、「投資物件は家賃収入があればインカムゲインで回っていくが、自宅は私に何かあったら払えなくなる可能性がある。金利が低くても自宅のローン返済を優先しよう」という結論に達しました。こうした相談までできるのですから、まさにビジネスパートナーなのです。担当者には本当に感謝しています。

不動産投資でライフプランが〝リアルなもの〟に

私は仕事人間という部類に入ると思いますが、一方で最近はまっているゴルフ、その他プライベートでも充実した時間を過ごしていると思います。これからの自分の人生を考えたときに、今後の10年でさらに人生を充実させてくれるような世界を見つけたいと考えています。人生は、あらゆるポイントにおける決断によって、次の選択肢が更新されていきます。私自身、いま保有している物件の一部を売却するケースもあり得ますし、新たに投資用物件を購入する可能性もあります。

今後の10年、あるいはリタイア後、老後へと続いていく人生をいかに仕上げるか、それを考えるには、やはり中長期のキャッシュフローのめどを立てておくことは必須の条件だといえます。

不動産投資を始めたことで、私のなかでこうしたライフプランが単なる想像ではなく、〝リアルなもの〟として捉えられるようになったと実感しています。

4人の方の成功事例はいかがでしたか。どなたも不動産投資を人生設計のなかにしっかりと組み込み、将来の不安を軽減するために備えていることがおわかりいただけたのではないでしょうか。

第4章のまとめ

最初は
誰でも初心者です。
未来の成功者を
目指しましょう！

1 成功者は"選ばれし者"ではない

不動産投資で成功する人は、単に運が良いだけではなくきちんとした理由があります。まずはそれを知ることが重要です。

2 運用がうまくいけば興味も深まる

最初は知識がないところから始めても大丈夫。不動産会社のサポートで成果が上がり始めれば、自然と興味も湧いてきます。

3 成功事例を参考にする

うまくいっている人の話に耳を傾けることも大事。その際、年齢や家族構成、業種など、自分と比べればよりイメージが具体化します。

第5章

「わたし」が不動産投資をやらないのは……

投資用マンション物件・経営の最前線を知らないから

独自調査で入居者ニーズに合わせた物件開発

会社で何か新製品を開発したり、新しい企画を立ち上げたりすることがありますよね。そういうときって、社内で稟議《りんぎ》を通すのがなかなか大変じゃないですか。

そうですね、ユーザーのニーズやトレンドを調査したり、どんな傾向の製品がどれだけ売れたのかをチェックしたりして、そうしたデータをもとに開発計画を立てます。

その際、開発担当者の経験や勘だけでなく、数字や客観的データが重要な意味を持ちますよね。おそらくそれがないと、企画は通らない。私は、不動産投資の物件開発でもこうした考え方を重視すべきだと思っています。

でも、それはどこの不動産会社もやっていることなのではないですか。投資用のマンションを1棟建てるというのは、不動産会社にとっても大きなリスクがあるわけだから、入念にリサーチしていると思うのですが……。

そうですね、たとえば若者向けのマンションを開発するに当たって若者に人気の街を調べたり、新築マンションを建てるに当たって直近の人口動態を分析したりはもちろんしていますよ。ただ、それだけでは不十分で、入居率を高くするにはもっと踏み込んだリサーチをして、ターゲットを絞り込む必要があると思うんです。

そういうときって、たとえば何か客観的に判断できるようなノウハウや指標があるんでしょうか。

私が取締役を務めるプロパティエージェントでは、**「スコアリング」「モデリング」という独自調査**を行っています。ごく簡単にいえば、スコアリングは物件の立地や周辺環境を判断する調査、モデリングは周辺住民の属性調査です。

周辺住民の属性調査までするのですか。それって物件開発にどう生かされるんでしょう。

実は、住民の趣味嗜好や生活パターンというのは、エリアによってかなり独自性が出るものなんです。スコアリングとモデリングを併用することで、そのエリアの特

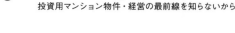

性にフォーカスした物件、つまり入居率の高い物件を開発することができます。モデリングで浮かび上がった入居者像は、物件のデザインや仕様にも生かされているんですよ。

でも、御社はブランド名を統一して物件を展開されていますよね。統一ブランド物件って普通はデザインも統一するものなんじゃないですか？

たしかにデザインフォーマットが決まっているほうがブランド効果もあるし、建材なども同一のものを使えるのでコスト的にも有利で効率的ですよね。でも、弊社では、あえてブランド物件のデザイン統一はせず、**入居者のニーズに合わせた物件開発**をしています。いわば、コンセプトがないことがコンセプトなんですね。なぜこのような考えに至ったかというと、そのエリアを調べ尽くして、そこにあるべき物件を開発するほうが、結果的には入居率を高く維持することができるからです。投資用の物件を購入されるお客様にとっては、自分が所有する物件と所有しない物件のデザインが同じかどうかなんて、どうでもいいですからね（笑）。ちなみにプロパティエージェントでは、入居率の透明性を確保するため、入居率を毎月公開しています。

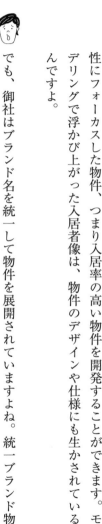

スコアリング
モデリング

なるほど、ブランドでのデザイン統一よりも、高い入居率のほうがオーナーにとって付加価値になるということですね。

海外投資家にとって魅力的な東京の不動産投資市場

スコアリングを使うと、物件価値のボラティリティもわかるんですよ。

ボラティリティというと、値動きの度合いのことですよね。株をやっている私の友人が「ボラが高い」と言っていて、「ボラって何?」と聞いたら、ボラティリティの略だと教えてくれました。

ボラティリティとは、将来に対して価値を決定づける要素が変動する率です。不動産でいえば、将来の物件価値の不確実性を指すと考えていいでしょう。物件価格がどう変動するかは、そのエリアの人口動態や開発状況など、さまざまな要因で決まってきます。スコアリングは、そのエリアをプロファイル化することなので、現時点での価値が客観的に判定できます。そして、そこに時間軸を加味することで、未来の需給バランスまで予測することができるんです。

そこまでして不動産価値や入居者ニーズ、将来性を把握するんですか。まさにマーケットインの発想なんですね（笑）。スコアリングやモデリングで事前調査や評価をするから失敗の可能性を減らせるというのはわかりましたが、それ以外に、いまだから不動産投資をすべきだという根拠はあるのでしょうか。

グローバルな観点からもいえますね。東京は、国際都市化を目指した特区制度を進めていたり、何といっても２０２０年にはオリンピックが控えていたりと、**海外投資家にとってかなり魅力的**なんです。

そうなんですね。ぜひそのあたりの最新事情も知りたいです。

その点については、私が説明するよりも、海外から東京の不動産マーケットを見ているエキスパートの言葉をお伝えしたほうがわかりやすいので、香港の投資家の話を後ほど紹介することにしましょう。グローバルな視点で東京の不動産市場を眺めてみれば、可能性の大きさをリアルに感じていただけると思います。

145

「スコアリング」「モデリング」という独自調査

スコアリングで物件の客観的価値を確保

これから不動産投資をする人にとって、不動産会社がどのような思考プロセスで物件開発を行うのかを知ることはとても重要です。ここでは、プロパティエージェントが独自に開発した「スコアリング」と「モデリング」の説明を通して、物件開発のメカニズムを見ていきます（図24）。

まずはスコアリングからです。スコアリングは、50項目からなる独自調査で、開発する不動産を定量的に評価するためのものです。徒歩圏内にスーパーやコンビニエンスストアがあるかどうか、競合物件がどのくらいあるかといった周辺環境のリサーチに加え、厳密な体感距離※や天災への対策なども検討項目となっています。こうした独自判定には、3章で紹介したフレームワークのうち、3CのCustomer（顧客）や4PのPlace（立地）などの考え方が生かされています。

また、そのエリアの人口動態や最寄り駅の今後の乗降者数トレンドなど、時間軸を加味することで将来の需給バランスを予測できる「変動率」を算出しています。

※体感距離：道路の広さ、にぎやかさ、明るさなど、駅から物件までの導線の環境を考慮し、それを距離に換算したもの。

図24 スコアリングとモデリングによる開発

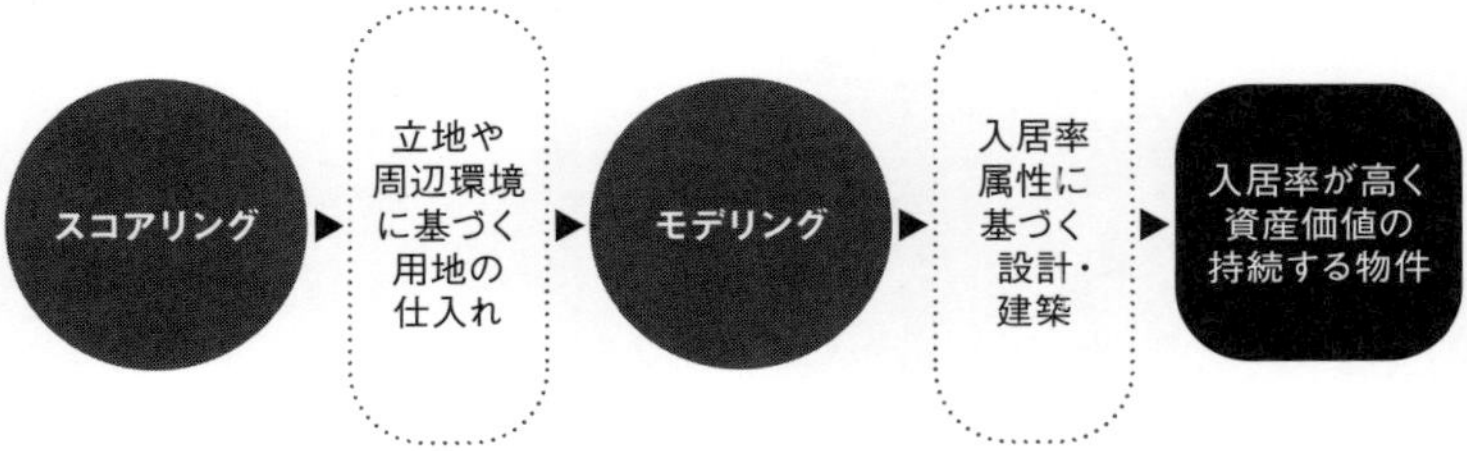

図25 変動率予測の差

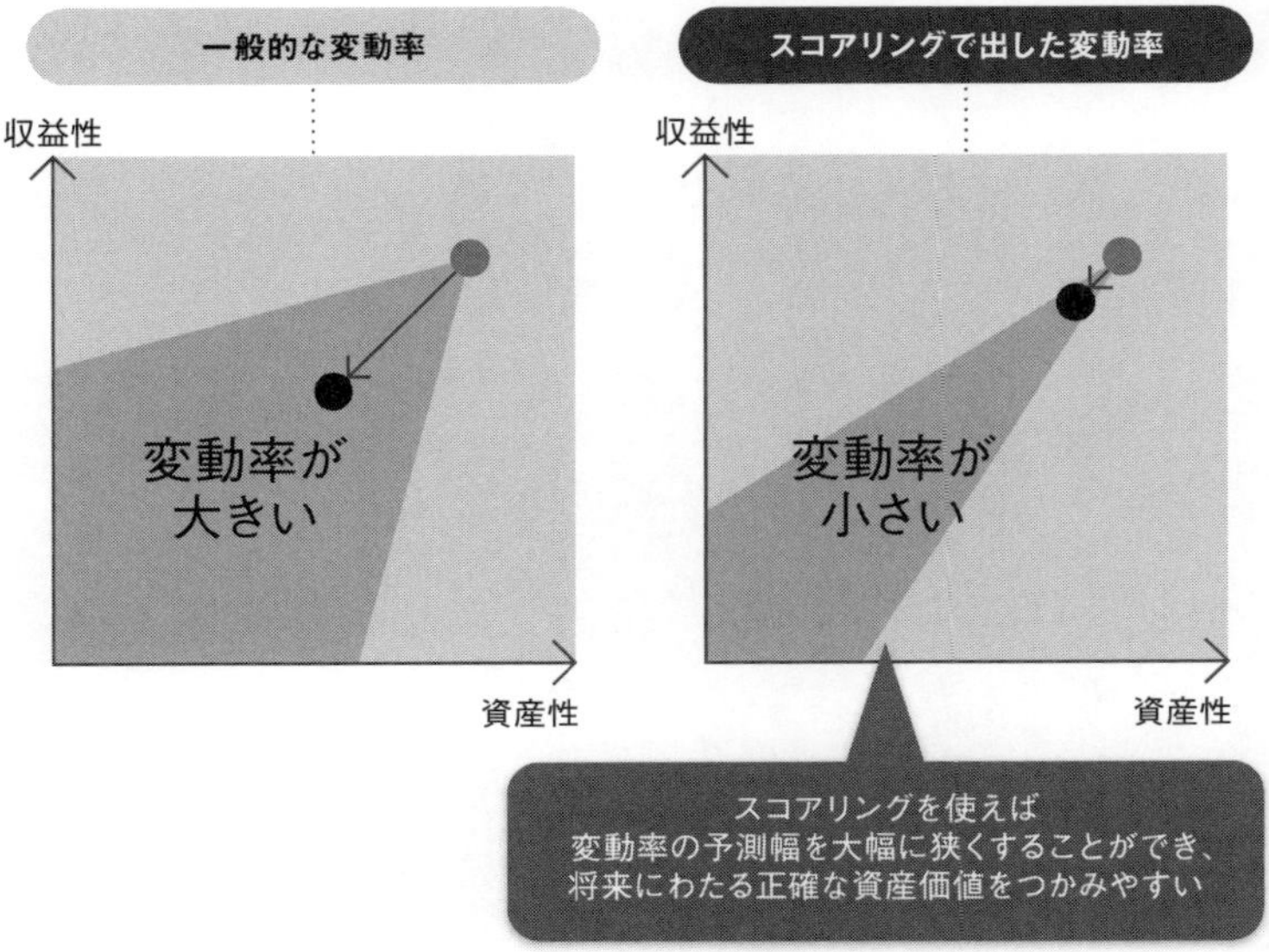

変動率は、収益性と資産性から算出します。未来の要素が絡んでくるため正確な予測が困難で、扇形に一定の幅を持たせ、その範囲内で予測をすることになります。スコアリングは、時間軸という独自の要素を加味し、定量的に予測することができるため、この扇形の予測幅をかなり狭くすることが可能なのです（図25）。

では、変動率の予測幅を狭めることができると、そこにどのような意義が生まれるのでしょうか。それは、より正確な変動率を予測することによって、不確実性を減らすことができるという点に尽きます。資産価値の下落や空き室リスクといった不安要素が軽減されることで、長期にわたって安定的に運用していける物件開発が可能になります。

3章で、利回りとリスクの関係について説明した際、両者は基本的に比例すること、利回りだけが高い物件は疑う余地があること、それでも利回りがわずかに高い優良物件が存在することを紹介しました。プロパティエージェントは、このスコアリングを活用することで、100ページ図23に示したように、45度のラインよりも少しだけ上、すなわち利回りがリスクを上回るような物件を提供できているのです。

それはなぜかというと、スコアリングによる変動率の予測は、3章で紹介した4PのPrice（価格）の考え方が生かされた評価になっているので、そもそも価値が下がりにくい物件を開発することができるからです。物件の資産価値を維持できるということは、リスクを軽減してくれることにつながるわけですから、結果として利回りの実質的な向上を実現してくれることが期待できるのです。

スコアリングでもうひとつ重要なのは、こうした評価が客観的に行われるということです。この「客観的に」というのが、実は重要なポイントで、たとえば、仕入れ担当者の思惑で恣意的な調整ができるようなシステムでは、本当の客観性は担保できません。誰がやっても同じ結果にならなければ、本当の意味で信頼できる結果とはいえないからです。客観性が確保され、周辺の競合物件と比べても資産性や収益性が高いという結果が出ているからこそ、入居率でも資産価値でも競争力のある物件を提供できるのです。

モデリングで入居者の属性を絞り込む

続いてモデリングについても説明します。これはスコアリング以上に独自性の高い調査で、エリア住民の属性をつかむために重要なものです。マンションの賃貸入居者は、他のエリアから移ってくるケースもありますが、実は地域性というのはかなり明確に現れます。実際、転居する際にも同じエリアを選ぶ人が多かったり、他エリアからの転入でも地域性を重視する人は意外と多いものです。

モデリングでは、物件周辺の仲介業者へのアンケートを中心に、そのエリアの住民の属性や生活スタイルの傾向を調査します。そこで吸い上げられたニーズは、物件開発時の基本コンセプトに集約し、デザインや仕様といった細部に生かされることになります。

ときには思いもよらない住民属性が見えてくることもあります。例をひとつ挙げてみましょう。以前、秋葉原で物件開発をする際に、モデリングによる調査を行ったことがあります。秋葉原周辺には、ＩＴ系の派手なタイプの人が多く住んでいるというイメージが強かったのですが、実際には丸の内で働く堅実なタイプが多いという傾向が出ました。

こうしたニーズを顕在化できるのは、３章で紹介した４ＰのPrice（価格）やProduct（物件）、Promotion（販売促進）といった考え方が生かされているからです。入居者像を絞り込めているからこそ、空き室リスクの少ない物件の開発・提供が可能となり、したがって不動産投資を検討している人にとっても、競争力の高い事業をスタートできるというメリットにつながっているのです。

もちろん入居者には好みがあるので、すべての人に受け入れられるわけではないでしょう。けれども、入居者像を想定して開発を行うのですから、傾向としてユーザーに選ばれる物件にはなりやすいといえます。

さらに、不動産物件の場合は売却という選択肢もありますが、ユーザーに選ばれやすい物件のほうが売却しやすいのは言うまでもありません。3章で紹介した4PのPlace（立地）の考え方をもとに評価するモデリングは、投資用物件のブランディングや競争力の向上をもたらし、物件価値を高く維持できるため、売却時にも有利だといえます。

146

入居者のニーズに合わせた物件開発

仲介業者を通して入居者の生の声を収集

モデリングは、投資用物件を建てるエリアの不動産仲介業者の協力で行っています。実はこれが、3章で紹介した4PのPromotion（販売促進）の観点から非常に重要な意味を持っています。

モデリング調査は、地元の賃貸仲介会社を通して行います。地元の仲介会社は、当然そのエリアのことを詳しく知っていますし、多くの入居者と直接のやり取りがあるため、かなりエリア特性をつかんでいます。そのため、入居者の生の声からすくい取ったニーズに合わせた物件開発が可能なのです。

プロパティエージェントのマンションブランドは「クレイシア」という名称ですが、

モデリング調査を進めるなかで、ブランド名が賃貸仲介会社の記憶に残り、それが結果として販売促進につながっています。仲介会社からしても、入居者ニーズに合致した物件であることから、入居希望者に紹介しやすく、それが入居率を高めているという効果があるのです。

このように、エリアに合わせたデザインや仕様を取り入れることで、入居者ニーズにはかなり的確に応えられているという自負がありますし、実際に認知度も高くなっています。

たとえば、あるエリアが女性に人気があり、実際に女性の入居者が多い場合、ブランドの統一デザインが女性向けでなかったら空き室リスクが出てきてしまいます。けれども、クレイシアシリーズは、ウオークインクローゼットを標準で備えるなど、マーケットインの発想で物件開発を行うことができます。

賃貸マンションの場合、どうしてもゴミ置き場が汚れる印象がありますが、入居者にきれいに使ってもらうために、ゴミ置き場をオシャレなカラーリングにして効果を上げた例もあります。

また、デザイン感度の高い入居者が多そうなエリアなら、フローリングが数種類のタイプから選べたり、室内の柱をなくしてインテリアにこだわれるようにしたりして、選ばれる物件を目指しています。

不動産業界では、空き室リスクを回避するために「家賃保証」という制度があります。これは、あらかじめ物件オーナーが不動産会社に対して一定額（たいていは家賃の1割程度）を支払うことで、空き室になった場合でも家賃収入が保証されるというシステムです。リスクヘッジとして有効な面はもちろんあるのですが、なかには空き室が生じないように必要以上に家賃を下げるようなケースもあり、問題視されることもあります。

しかし、プロパティエージェントが家賃保証で賃貸を管理している物件については、物件自体に魅力があるため、空き室リスクを考える必要がほとんどなく、実際、これまでに保証する家賃を下げたことがありません。こうした実績があるのは、モデリングにより物件もプロモーションも競争力を高めることができていることの何よりの証拠だといえます。

モデリングによる物件開発で優良事業表彰を受ける

クレイシアシリーズのなかで、一般社団法人全国住宅産業協会が選ぶ「第5回優良事業表彰」を受けた物件があります。それが、「クレイシア新宿パークコンフォート」です。

新宿エリアに住む人は、喧騒《けんそう》のなかで生活しているため、自室ではくつろぎたいという要望を持つ人が多いというモデリング結果が出ました。そこで、エントランスは無駄な装飾のないフラットなデザインとし、さらに間接照明を多用することで落ち着ける空間づくりを目指しました。

外観デザインは周囲との調和を重視しましたが、敷地内通路は砂利敷きと敷石を使って、和のテイストを出しました。

また、住む場所として新宿を選ぶ人は都市景観を楽しみたいというニーズがあることから、新宿の街を見下ろせるスカイバルコニーのあるプレミアム住居を最上階に用意しました。

優良事業表彰の選出基準には、「建物の品質管理体制」「周辺環境との調和性」「入居率を指標とする入居者ニーズの適合性」などがあり、表彰はこれらが総合的に評価されたからだといえます。

また、このクレイシア新宿パークコンフォートは、周辺相場に比べてとくに低い価格設定にしたわけではないにもかかわらず、約1カ月半で完売しました。こうした結果も、まさにスコアリングとモデリングのたまものだと考えています。

実際に資産価値が高いと客観的に評価された物件の一例として、先ほどから話に出ているクレイシア新宿パークコンフォートを掲載しておきましょう。優良事業表彰での評価ポイントや賃貸仲介会社の声と併せ、読者の皆さんが入居希望者になったつもりでチェックしてみてください。きっと「こんな物件なら住んでみたい！」と感じていただけると思います。

物件例

クレイシア新宿パークコンフォート

クレイシア新宿パークコンフォートの概要

コンセプト：東京プラチナ計画
建築年：2014年10月
間取り：1K〜1LDK
最寄り駅：東京メトロ丸ノ内線新宿御苑前駅、東京メトロ副都心線新宿三丁目駅

2015年6月、一般社団法人全国住宅産業協会「第5回優良事業表彰」中高層分譲住宅部門（ワンルーム事業）

仲介会社の声

最寄り駅や大通りからの距離など、立地を気に入られるお客様が多かったです

賃料が他社に比べて安いので、お客様に勧めやすかったです

上場している不動産会社の物件なので安心感があるようです

※「仲介会社の声」は、株式会社アンビション・ルームピア賃貸仲介事業部課長、新宿店店長の平塚怜さんからいただきました。

外観・共用部分

街並みに調和する外観と洗練された共用部分が好評。砂利敷きの通路のほかカラーリングされたゴミ置き場（同左下）など、資産価値を高める工夫が随所に。

外観のデザイン性が高く、カラーが洗練されている点が評価されていました

仲介会社の声

ゴミ置き場や駐輪場がきれいなので女性客に好評でした

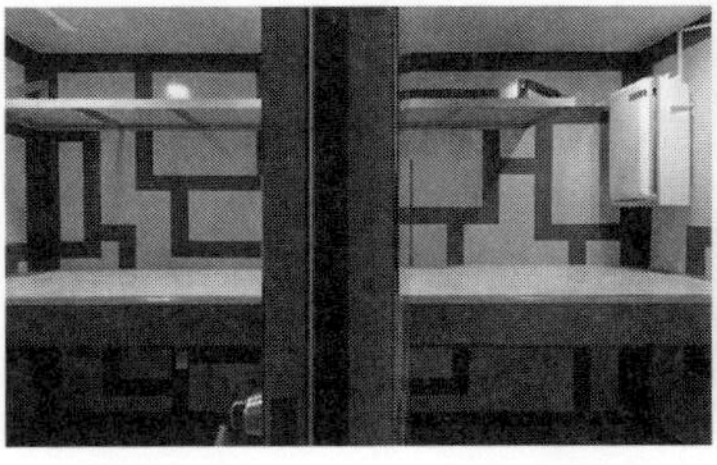

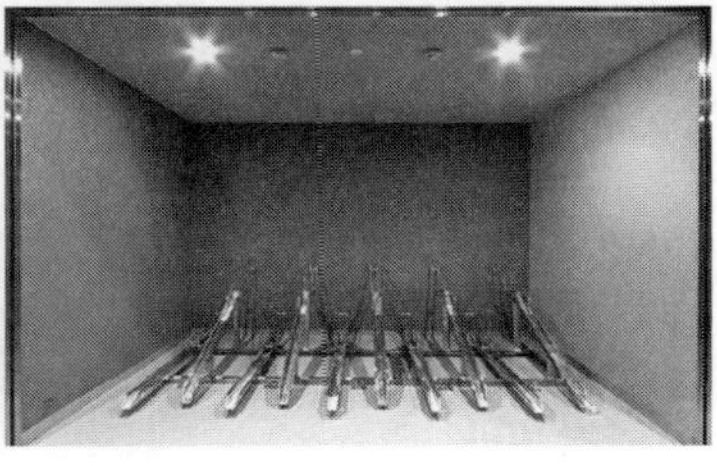

エントランス

新宿の喧騒から落ち着きへと戻っていく場所という位置づけで、くつろぎ感を演出。また、和の要素や曲線を使って、来客への「おもてなし」を表現。

仲介会社の声

使っている建材が上質なので
お客様が一目で
気に入ってくれました

住んでいる人の
センスが良さそうだと
感じていただけました

専有部分

モデリング調査の結果をもとに、間取りやデザインを決定。最上階には新宿の街を見下ろすスカイバルコニーつきの部屋を用意。

仲介会社の声

ウオークインクローゼットやインターネット無料など、設備面でも推しやすいです

各部屋のフローリングが3種類から選べるのが好評でした

海外投資家にとってかなり魅力的

東京オリンピックや特区制度などが投資を後押し

近年、日本の不動産物件に投資する海外投資家が増えています。とくにアジア各国からの注目度が高まっているのですが、ここでは、なぜ海外の投資家たちが東京の不動産に注目しているのか、その理由について考えてみましょう。

まずは何といっても、２０２０年に開催される東京オリンピック・パラリンピックが挙げられます。東京はもともと都市インフラが整っているため、オリンピックが開催されるからといって劇的に地価が上がるということは考えにくいのですが、それでもオリンピック開催地になったことが好材料であることには変わりがありません。実際、東京オリンピック開催決定後は、とくにアジア諸国からの不動産投資が上昇傾向にあります。

また、これ以外では、外国企業の誘致や新事業の創出などを目的とした、東京都の特区制度があります。現在、東京都が実施しているグローバルビジネス拠点としての特区には、構造改革特区、アジアヘッドクォーター特区、国家戦略特区の３つがあります（図26）。

図26 東京都の特区制度

	目的	スタート年
国家戦略特区	2020年開催の東京オリンピック・パラリンピックも視野に、世界一ビジネスのしやすい環境を整備することにより、世界から資金・人材・企業などを集める国際的ビジネス拠点を形成し、国際競争力のある新事業を創出	2013年
アジアヘッドクォーター特区	東京の国際競争力を向上させ、さらなる成長へと導くため、アジア地域の業務統括拠点や研究開発拠点のより一層の集積を目指し、特区内への外国企業誘致を推進	2011年
構造改革特区	都内6区市で7つの特区を設置し、各特区ごとに国の規制を緩和するなどの改革による構造改革を進め、地域の活性化を推進	2002年

出典：東京都ウェブサイト「特区制度について」より作成

２０１１年からスタートしているアジアヘッドクォーター特区では、外国企業への税制優遇や規制緩和の他、従業員や家族の生活まで支援を行うという手厚いものとなっています。

また、２０１３年に始まった国家戦略特区では、世界中から資金や人材などを集め、国際的ビジネス拠点を形成することで、国際競争力のある新事業を創出するという目標が掲げられています。

こうした特区制度に設けられているさまざまな優遇措置により、日本に拠点を置く海外企業が増えていけば、日本に赴任する海外企業の従業員の住居として、都心マンションのニーズもますます高まり、投資家にとっては不動産投資の魅力が大きくなるというわけです。

第三者機関も認める都市としての東京の魅力

グローバルという観点からも考えてみましょう。世界的な動きに合わせ、不動産投資の世界でもグローバル化は進んでおり、世界の投資家の間で海外不動産への投資のハードルが下がりつつあります。その選択肢のなかには、当然ながら日本も含まれているでしょう。

３章の利回りの解説でも触れた通り、世界的な金融緩和で運用商品の利回りが下がっています。一方、日本の不動産の利回りは比較的安定しているため、世界的に見ると相対的に有利な状況になってきています。日本の不動産の需要が高まっていくということは、結果的に日本の不動産の流動性が良くなることにつながり、価値を引き上げる可能性があるのです。

もうひとつ、海外の投資家が日本の不動産に投資するメリットを挙げるなら、社会や政治状況が非常に安定していることでしょう。東京ほど治安のいい都市は、世界中を見回しても稀有《けう》な存在といえます。幸いにして、米国や欧州各国のようなテロの脅威も現時点ではさほど大きくはありませんし、中東や南米などのような政情不安とも無縁といっていいでしょう。

さらに、金融や情報といったシステム面でも十分なインフラが整っているのは読者の皆さんもご存じの通りです。つまり、海外投資家が安心して投資できる環境が整っていることが最大のメリットとなっているわけです。

投資先としての東京の魅力を裏づける第三者機関による調査結果もあるので紹介しましょう。森記念財団都市戦略研究所が実施している「世界の都市総合力ランキング」の最新版（2015年）で、日本は、ロンドン、ニューヨーク、パリに次いで世界4位でした。

このランキングは、2008年から実施されているもので、世界の主要40都市を選定し、「経済」「研究・開発」「文化・交流」「居住」「環境」「交通・アクセス」の6分野で総合力評価を行うというものです。世界3大都市には遅れを取っているものの、2008年のスタート以来、日本は世界4位をキープしており、アジア圏ではいちどもトップの座を譲っていません。

こうした状況下で、海外企業による日本への投資が勢いづくのは、いわば必然なのです。

海外投資家は日本の不動産市場をこう見ている

では、実際のところ、海外の投資家は日本の不動産投資市場をどのように捉えているのでしょうか。これについては、実際に海外から日本の不動産を見ているエキスパートの生の声に耳を傾けてみたいと思います。

ご登場いただくのは、2012年までモルガン・スタンレー証券でアジア株などを担当し、同社退社後の現在は、香港のコンボイ・インターナショナル・プロパティ・コンサルティングのCEOを務めるチャン・ネオ ヴィン タック氏です。

今回は本書のために、海外マネーが日本の不動産に集まっている経緯や理由、不動産投資マーケットとしての日本の魅力、今後の展望といった点について、最新事情も交えながら分析してくれました。最前線の投資家である同氏がエコノミックな視点だけでなく、意外にもさまざまな視点で不動産投資を捉えているという興味深い話もあります。

投資家がどのような考え方をしていて、どのような視点で投資を行っているかを知ることは、これから不動産投資を始める人にも参考になると思いますので、ぜひ読んでみてください。

特別寄稿

グローバルな不動産投資のプロが語る日本の不動産の魅力の将来性

チャン・ネオ ヴィン タック氏
Neo Cheung Wing-tat
コンボイ・インターナショナル・プロパティ・コンサルティング　CEO

Profile

1998年にモルガン・スタンレー証券（東京都）に入社。株式統括本部のポートフォリオトレーニング部門、日本株担当を歴任後、2008年から同香港支店にてアジア株を担当。2012年にモルガン・スタンレー証券を退社。2015年1月、コンボイ・インターナショナル・プロパティ・コンサルティングのCEOに就任。2007年にCFA協会認定証券アナリスト資格を取得。

リーマンショック後、金利の下落で不動産投資が活発に

現在、世界的に日本の不動産物件への関心が高まっています。私は現在、香港に拠点を置く海外不動産コンサルティング会社「コンボイ・インターナショナル・プロパティ・コンサルティング」のCEOを務めていますが、中華圏、とくに香港や台湾では、ここ数年で日本の不動産の将来性が高く評価されています。

日本の不動産がなぜ人気なのかについてはあとで詳しく解説するとして、まずは中華圏の投資家がなぜ海外不動産に投資をするのか、その経緯から見ていきましょう。

中華圏の投資先が海外不動産に移ったのは、おおまかにいえばリーマンショックが起きた2008年が区切りになっています。リーマンショック以前、中華圏での主な投資対象は株を中心としたハイリスク・ハイリターンの金融商品がメインでした。

リーマンショックでは、日本でも株価がわずか4カ月余りで半分にまで落ち込んだことをご記憶の方も多いと思います。世界的な株安の影響で、香港の投資家のなかにも、大きな損失を出した人が多かったと聞きます。

こうしたことを受け、中華圏の投資家の間では、もう少しリスクの低い投資先を探るという動きが出てきます。その受け皿として、リーマンショックの直後には多くの投資マネーが債券に流れました。

香港をはじめとするアジアの人々は、もともと債券にはあまり関心がないのですが、そんななかで債券を選択する動きがあったのは、やはりリスクを少しでも抑えたいという投資家の思惑の表れだったと思います。

中華圏の投資家の投資対象が不動産に向かい始めたのは2009年頃からです。2009年という年は、リーマンショックの影響で、世界各国で政策金利の引き下げが実施された年です。

たとえば、中華圏のなかでもとくに香港と結びつきの強い英国の場合を見てみると、この年の1月に英国中央銀行が政策金利を史上最低水準の1・5％に引き下げましたが、2月にはその水準を下回る1％への引き下げを発表、さらに3月には0・5％へと引き下げています。

英国以外では、オーストラリア、ニュージーランド、ロシア、フィリピン、スイスといった国々が、次々と政策金利の引き下げを実施しています。もちろんここに挙げた国は一部でしかありません。このように、世界各国が金利引き下げなどの金融緩和を行ったことで、世界中で不動産投資が急激に注目され始めることになります。

香港の中間層が日本の中古マンションに注目

日本の不動産市場が海外投資家からどのような評価を受けているのかを考える前に、リーマンショック以後、日本の不動産が注目を集めるに至る経緯を見ていきたいと思います。私のホームグラウンドは香港ですので、香港の例で説明します。

香港では、リーマンショック後の金利下落を受け、2009年から2011年にかけての3年間で、域内不動産の価格がほぼ2倍へと膨れ上がりました。こうなると、懸念されるのは不動産バブルです。バブル崩壊による急激な不動産価格の下落を恐れた香港政府は、域内不動産投機を抑制するための規制を実施しました。こうした流れを受け、香港の投資家は海外に不動産物件を求めるようになります。

香港は1997年まで英国統治下にありました。当時、香港の若者は無償で英国留学できたこともあって、植民地といいながらも、両者の関係は緊密でした。いまでこそ英国はEUからの離脱決定で不透明な状況となっていますが、香港内の不動産投資に対して政府が規制をかけた当時、香港の投資マネーは英国の不動産へと流れました。

先ほども触れたように、2009年の英国の金利は史上最低水準にまで達していたため、不動産投資の対象として注目されたのは不思議ではないといえます。また、同じく2009年に政策金利を引き下げたオーストラリアでも、香港からの不動産投資が盛んになりました。

ただ、いくら金利が安くなったとはいえ、不動産物件そのものは高額なので、富裕層以外はなかなか手が出ないという状況になります。

香港ではもともと、海外不動産に投資するのは超富裕層のみでした。香港で国内外を問わず不動産を持っていないのは、国民の4割程度といわれています。中間層ともいえるその4割の人が、投資対象となる不動産はないのだろうかとリサーチした結果、たどり着いたのが日本の中古マンションだったのです。

アベノミクスを契機に日本の不動産物件が人気に

香港の中間層が日本の不動産に注目し始めるきっかけとなったのは、2012年に第2次安倍晋三内閣が掲げた経済政策「アベノミクス」です。

デフレ脱却を目指して金融緩和政策を打ち出したアベノミクスによって、為替は円安に進み、海外投資家にとって日本の不動産は魅力のある存在になりました。実は、日本の不動産物件はもともと海外と比べても価格が安く、とくにアベノミクスがスタートした当時はかなり手頃感があったといえます。中古であればさらに価格帯が下がるため、香港の中間層にとって格好の投資対象となったわけです。

ちなみに、他の中華圏の国でいうと、親日で知られる台湾は香港よりも少し前から日本の不動産を購入しており、中国は2014年頃から参入してきました。いわゆる〝爆買い〟でアジア経済をけん引した中国が、台湾や香港に比べて鈍い動きを見せているのは、日本と中国との歴史的な関係性が影響していると私は見ています。

というのも、私のこれまでの不動産投資のコンサルティング経験上、不動産というのは、好きな国や密接な関係の国の物件を購入する傾向が強いのです。台湾はもともと親日なので、不動産投資の対象として早くから日本の物件に興味を抱いていました。また、香港も英国統治下だったこともあり、日本とは文化交流などが盛んで、抵抗感はなかったのでしょう。

しかし中国は、第2次世界大戦時の遺恨ともいうべき負の感情がいまだに根強く残っているため、投資先としても敬遠しがちになっているのです。中国のなかで日本への不動産投資に積極的なのは上海ですが、これは上海の人がビジネスで日本を訪れる機会が多いからではないでしょうか。日本人はまじめなので契約も安心して交わせますし、物件の品質もいいことは知られています。また、治安も良く、インフラもすでに十分整っている。実際に自分の目でこうした日本の良さを確認するからこそ、投資を現実的に考えることができるのです。

ちなみに、中国の投資対象としていちばん大きな存在となっているのは米国ですが、これは中国人にとって、移民や留学、企業進出などで米国が身近な存在だからだといえます。また、香港の域内不動産投資が抑制されたときに、投資対象としてまず英国を選んだのも、150年にも及ぶ統治と無関係ではないでしょう。

価格や流動性などが日本の不動産の魅力

では、続いて海外、とりわけアジアの投資家にとって、日本の不動産物件がどう見えているのかを紹介します。

すでに触れた通り、まずは金利の低さに加え、もともと日本の不動産の価格が安かったという点が挙げられます。2013年9月にブエノスアイレスで行われたIOC（国際オリンピック委員会）の大会で、東京が2020年オリンピックの開催地に選ばれました。これにより不動産の価格も上昇していますが、香港やロンドンに比べると価格水準はまだ6割程度です。2020年オリンピックに向けて今後の上昇が見込めるため、いまのうちならまだ買いどきであることは間違いありません。

次に、流動性についても見てみましょう。流動性というのは、簡単にいえば売りやすさのことです。実はこの流動性は、海外不動産を購入する投資家が意外と見落としがちなのですが、売りたいときに物件を売却できることはかなり重要な要素だといえます。たとえば、同じアジア圏でもタイやマレーシアの流動性は極端に低くなっています。

タイは、新築が好きな国民性のため、新築マンションの人気は高いのですが、築10年もたつとまったく売れなくなってしまいます。マレーシアの場合はマイホーム志向が強く、およそ8割の国民が自分の家を持っています。そのため、そもそも賃貸マンションに投資しても借り手がつきにくいという事情がありますし、ニーズが低いということは利回りも悪く、売却もままなりません。また、フィリピンのように、売却はできても外貨を国外に持ち出せないというケースもあります。

一方、日本は、香港の中間層から中古マンションが人気であることからもわかる通り、たとえば築20年の中古物件でも都心であれば買い手がつくというアドバンテージがあります。日本の税制では、マンションを売却したときにかかる譲渡所得税が保有5年以下だと30％ですが、5年を超えると半分の15％に減額されます。海外投資家は当然ながら税優遇を狙って5年超の保有を考えますので、多少古くなっても確実に現金化できる流動性の高さは、それだけで十分な魅力になるのです。

東京の不動産投資の魅力としてもうひとつ挙げられるのは、海外投資家への規制が少ないことです。タイやフィリピンなどのように、外国人が不動産に対して投資はできても、土地を所有できない国は意外とありますが、日本にはこうした規制がありません。

また、購入や売却に関する手続きも、他の国に比べると日本はかなり楽だといえるでしょう。不動産投資の売買契約といえば、海外では弁護士に依頼するケースが多いのですが、日本では不動産会社が代行してくれるため、手間もかからないうえに短い期間での売買が可能です。

さらに、不動産の用途変更も自由度が比較的高いといえます。もちろん、日本以外の国でも用途変更自体は可能なケースもありますが、莫大な変更料がかかる国が少なくありません。投資家は、自分が所有する不動産物件の周辺環境や状況が変われば、用途変更を検討することもあります。だからこそ、日本で用途変更の自由度の高さが確保されているのは大きな魅力になっているのです。

投資家はエコノミックリターンだけで考えているのではない

これらのことから総合的にいえるのは、現在の不動産投資家は、単純に価格や利回りだけで投資国や投資物件を決めているわけではないということです。もちろん投資である以上、儲からなくては成り立たないのはいうまでもありません。しかし、物件としての安定性やその国への愛着なども意外と大きな要素となっているのです。私はこの両者を、「エコノミックリターン」「ノンエコノミックリターン」というふうに分類しています。

エコノミックリターンというのは、文字通り、金銭的なリターンのことですから、キャピタルやインカム、さらには為替などといった要素が入ってきます。

一方のノンエコノミックリターンは、それ以外の要素、いってみればモチベーションやオプションです。日本の不動産に投資する人は、基本的に日本が好きな人ですから、休暇には日本に旅行に来ることもあります。不動産投資で得たお金をその旅行中に使ったり、入居者の入れ替わりで所有する物件に空きがあるときに自分で泊まったり……、海外の投資家でこのような柔軟な使い方をする人はかなり増えているように思います。

日本には、エコノミックな面でもノンエコノミックな面でもこれだけの魅力があり、したがって海外投資家から注目されているという点がおわかりいただけたと思います。

最後に、今後の日本の不動産の見通しについても少し触れておきます。金利についてはすぐに変動するようなことはないと考えられますが、懸念材料として考えられるのは、2015年末あたりからじりじりと進んでいる円高傾向でしょう。英国の国民投票でのEU離脱という結果を受けて、一時的に1ドル100円を切ったのはご存じの通りです。

東京オリンピック後については、何らかの判断をするには材料不足ですが、アベノミクスが大きな鍵を握ることは間違いありません。現状のアベノミクスはうまくいっているとはいえませんが、政策として間違っているというよりも、消費税の影響などもあり、効果が出ずに足踏みしている状態だと私は考えています。2016年7月の参議院議員選挙で政権与党が安定多数を獲得したことからも、市場はアベノミクスにそれなりの期待をかけていると見ていいでしょう。

日本は失業率こそ改善しているものの、GDPがなかなか改善しません。これは、人口の減少が一因になっていると考えられます。東京は人口流入があるのでいいとしても、日本全体で考えれば、外国人労働者をもっと受け入れるために、ビザなどの規制を緩和する必要があるのではないかと私は思います。

課題があるとはいえ、東京の不動産にはエコノミックの面でもノンエコノミックの面でも大きなメリットがあるのは間違いありません。今後、規制緩和が進んで、日本の投資用不動産物件がさらに魅力的になることを望んでいます。

第5章のまとめ

資産価値の
高い物件を
見極めることが
成功への近道です！

1 エリアや住環境を開発に生かす

「スコアリング」という手法を活用した競争力の高い物件なら、長い期間にわたって資産価値を高く維持することが可能です。

2 入居者の属性に合ったデザイン・仕様

「モデリング」という手法を活用し、入居者ニーズに合わせた物件なら、空き室リスクや家賃下落リスクを軽減できます。

3 海外投資家は東京に注目

東京の不動産は海外と比べてさまざまなアドバンテージがあり、国際的なニーズも高まっているということを知っておきましょう。

おわりに

最後まで本書をお読みいただきありがとうございます。

不動産投資を扱う会社に勤め、今回は不動産投資についての本まで書かせていただきましたが、「はじめに」でも少し触れた通り、私はもともと不動産畑で仕事をしていたわけではありません。私が現在、籍を置く会社プロパティエージェントに転職して、不動産業界へと足を踏み入れたのは2007年のことです。その当時のことについてお話ししたいと思います。

転職前の私にとって、不動産のイメージといえば、「リスクが高くて難しそう」

「高額で敷居が高い」
「どうせお金持ちが行う資産運用方法だろう」
といったものでした。不動産というのは、いうまでもなく高額な投資なので、当時は素人だった私がこのように考えても不思議はありません。おそらく読者のなかにも、同じイメージを抱いている方は多いでしょうし、世間一般の見方もそう遠くはないはずです。

本書では、読者の皆さんの不安や疑問を代弁する「わたし」というキャラクターを設定し、「わたし」との対話を通して、不動産投資がどういうものであるかを探ってきました。けれども実は、「わたし」というキャラクターは読者の皆さんの代表であると同時に、かつての私、野呂田義尚自身の姿でもあったのです。

私が転職する際、不動産投資について自分なりに調べたり、プロパティエージェントの中西聖社長との面談でさまざまな話を聞いたりしました。そうしているうちにだんだんと考えが変化してきたのをいまでも覚えています。

たとえば、与信枠を使えば自己資金が少なくても投資を始められる、オーナーになったからといって管理に手間が取られるようなことはない、ミドルリスク・ミドルリターンの比較的安定した投資である……、こうしたさまざまなことを知るにしたがい、それまで抱いていた不動産のイメージが大きく変わっていきました。

とりわけインパクトが大きかったのは、本書でも詳しく解説したインカムゲインという考え方です。どちらかといえば過去の土地神話のイメージを強く持っていた私は、不動産というのは取得と売却を繰り返し、その差額を利益として得るものだと思い込んでいました。しかし、家賃収入でローンを返済しながら長期保有するという運用方法を知って、その合理性に驚いたものです。

本書ではこうした不動産投資のメリットや特長を解説するだけでなく、私がこれまで身につけてきたＭＢＡ的な視点で不動産投資への一歩を踏み出すかどうかを検討することを試みました。こうした切り口で不動産投資を語った本は他にはないと自負しています。

当然、不動産投資にもリスクはあります。けれども、3章で紹介したような物件開発の思考プロセスやリターンとリスクの関係を知っていれば、長期的に資産価値を維持できる物件を見抜くことができるということは、十分にご理解いただけたのではないかと思います。

不確実なこの時代、何もしないことが最大のリスクになり得るということは、おそらく多くの人が薄々感じているのではないでしょうか。自分の将来、家族の将来としっかり向き合えば向き合うほど、そうした不安を抱くようになるのは当然のことです。

さらにいえば、将来への不安を抱いていながら、忙しい日常のなかで解決策を具体的に検討する時間が持てず、ジレンマに陥っているという人も少なくないはずです。

不動産会社のなかには、こうした不安につけ込み、資産価値が下がっていくような物件を押しつけるような営業活動をするところもあると聞きます。実際、私のもとにも、「不動産を購入したはいいが、運用がなかなかうまくいかない」「入居者が入らなくて困っている」といった相談が少なからずあります。

不動産業界で生きる者として、こうした状況はなくすべきだと思いますし、これから不動産投資を始める方には、人生を豊かにできるようなコンサルティングをしたいと考えています。私がこの本を書こうと思った理由も、まさにここにあります。

プロパティエージェントでは、志を同じくする仲間たちが、本書と同じようなシチュエーションでお客様と対話を重ね、納得していただける不動産物件への橋渡しをしています。また、専属のＣＳ（カスタマーサティスファクション）グループを設けて保有後の情報提供を行ったり、税理士による無料相談会を行ったりと、さまざまな面でお客様のサポートにも注力しています。

そうした取り組みのおかげもあってか、各種マーケティング業務を行う株式会社アイ・エヌ・ジー・ドットコムが２０１６年2月に実施した「投資向けマンションデベロッパーに対するオーナーの意識調査」で、首都圏をメインに不動産物件を供給している30社のなかで顧客満足度１位を獲得することができました。これは、お客様の人生設計をサポートしていくという理想を持ったプロパティエージェントにとって大きな誇りです。

幸い、本書の4章で紹介した事例からもわかるように、多くのお客様から弊社をビジネスパートナーとして認めていただけるような言葉をいただいています。プロパティエージェントのお客様は、口コミや紹介のお客様が多いのですが、これもさまざまな取り組みを評価していただいているからだと強く感じています。このご期待に沿えるよう、これからも不動産投資を考えるお客様のお役に立っていきたいと、決意を新たにしているところです。

本書のなかでも繰り返し述べているように、不動産投資はライフプランとして捉えるべきものです。本書で紹介した考え方や知識によって、読者の皆さんの人生を豊かにするためのお手伝いができるのなら、これほど嬉しいことはありません。

なお、本書を読まれて、それでも不安や怖さが払拭できないという方は、ぜひ私へ直接メール※をください。かつて皆さんと同じ立場にあった私が、できる限り皆さんの側に立って、相談に当たらせていただきたいと思います。

野呂田　義尚

※メールの送付先
yoshitaka.norota@propertyagent.co.jp

［著者］
野呂田 義尚（のろた・よしたか）
1978年北海道生まれ。1997年に新日本海フェリー株式会社に入社し、会計・税務処理、実地監査などの業務を担当。2007年、プロパティエージェントに転職。2010年に取締役、2011年に常務取締役に就任。立教大学大学院ビジネスデザイン研究科を修了、MBAを取得。

株もFXもやらなかった「わたし」が
不動産投資を始めた理由

2016年9月29日　第1刷発行

著者――野呂田義尚
発行――ダイヤモンド社
〒150-8409　東京都渋谷区神宮前6-12-17
http://www.diamond.co.jp/
電話／03・5778・7235（編集）　03・5778・7240（販売）
編集協力――山口　学
浪川　攻
株式会社リライアンス
装丁――斉藤重之
イラスト――ナカオテッペイ
制作進行――ダイヤモンド・グラフィック社
印刷――慶昌堂印刷
製本――加藤製本
編集担当――小出康成

ISBN 978-4-478-10043-1

本書は投資の参考となる情報の提供を目的としております。投資に当たっての意思決定、最終判断はご自身の責任でお願いいたします。また、本書の内容には正確を期する万全の努力をいたしましたが、万が一の誤り、脱落等がありましても、その責任は負いかねますのでご了承ください。本書の内容は、2016年8月20日現在のものです。